现代广告策划与创意

汤蓉　主编

重庆出版集团　重庆出版社

图书在版编目（CIP）数据

现代广告策划与创意 / 汤蓉主编 . — 重庆 : 重庆出版社 , 2023.7
ISBN 978-7-229-17718-8

Ⅰ . ①现… Ⅱ . ①汤… Ⅲ . ①广告 – 策划 Ⅳ . ① F713.81

中国国家版本馆 CIP 数据核字 (2023) 第 121100 号

现代广告策划与创意
XIANDAI GUANGGAO CEHUA YU CHUANGYI
汤蓉 主编

责任编辑：袁婷婷
责任校对：李小君
装帧设计：优盛文化

重庆出版集团
重庆出版社 出版

重庆市南岸区南滨路 162 号 1 幢 邮编：400061 http://www.cqph.com
三河市华晨印务有限公司
重庆出版集团图书发行有限公司发行
E-MAIL: fxchu@cqph.com 邮购电话：023-61520646
全国新华书店经销

开本：787mm×1092mm 1/16 印张：12.25 字数：230 千
2023 年 11 月第 1 版 2023 年 11 月第 1 次印刷
ISBN 978-7-229-17718-8
定价：78.00 元

如有印装质量问题，请向本集团图书发行有限公司调换：023-61520417

前言

广告策划与创意是广告学科体系中重要的组成部分，是广告专业教学中综合技能要求最高的核心课程，也是广告学专业学生最难学习但又必须掌握的重要技能。

广告是科学与艺术的结合，有谜一般的魔力。广告的前端是策划，侧重于科学，立足于宏观，从市场分析、消费者分析到广告战略定位，都需要严谨和理性的科学分析；广告的后端是创意，偏重于艺术，着眼于微观，无论是广告创意的构想，广告表现形式的确立，还是广告文案的撰写，无不充满着灵感的火花。广告策划创意学在矛盾中统一，在对立中协调，在看似随意中演绎着产品信息的系统逻辑。

本书共分为九章。第一章为广告策划概述，对广告策划的具体概念、程序、特征等进行基本概述；第二章为广告调查与分析，主要阐述了广告调查的概念与分类、内容与方法以及操作流程；第三章为市场认识与细分，简述了市场营销与市场细分；第四章为消费者分析，主要围绕认识消费者、消费者行为特征、广告心理过程作论述；第五章为广告效果测评，论述了广告效果的含义、广告效果测评的作用和内容等；第六章侧重于广告创意的基本理论；第七章则侧重于广告创意的原则；第八章为广告创意的思维与方法，论述了广告创意的思维、类型和具体方法；第九章为广告媒体与创意，对各类媒体及广告媒体创意与创新作介绍。

本书逻辑清晰，语言精练，结构合理，内容涵盖面较广。作者在撰写过程中将内容与图、表有机地结合了起来，使得内容更加简明易懂。鉴于编著者水平和经验的限制，书中出现不完善之处在所难免，恳请同行专家学者予以批评指正，以便于今后进一步修改和完善。

目录

上篇　广告策划篇

下篇　广告创意篇

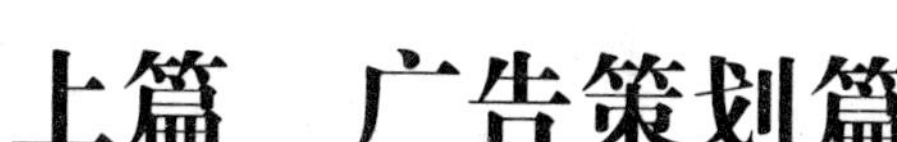

上篇　广告策划篇

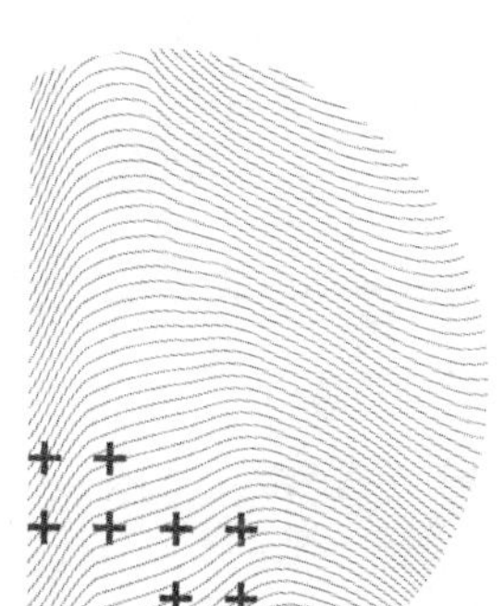

第一章　广告策划概述

第一节　广告策划的概念

一、广告策划的含义

“策划”最早是由美国营销学者爱德华·伯纳斯1955年在其著作《策划同意》中提出的。20世纪60年代，英国BMB广告公司的创始人斯坦利在广告领域首先使用了这个词。对于策划的含义有许多不同的说法，其中最有影响力和指导意义的是美国哈佛企业管理丛书编撰委员会所下的定义，即策划是一种程序，在本质上是一种运用脑力的理性行为，基本上所有的策划都是关于未来的事物，即策划是针对未来要发生的事情做当前的决策。相应地，广告策划即对未来广告活动的理性决策[①]。

在我国，“策划”一词最早见于《后汉书》，也写作“策画”。《词源》将其解释为“筹划、计划”;《辞海》则解释为“谋划、筹谋”。改革开放之后，我国开始引入“广告策划”的概念，当时业界呼吁要树立“以调查为先导，以策划为基础，以创意为灵魂”的现代广告运作观念。这期间产生的主要的广告策划观点有“唐仁承说”和“杨荣刚说”。前者认为，广告策划是对广告的整体战略与策略的运筹规划。广告策划就是对提出广告决策、实施广告决策、检验广告决策全过程作预先的考虑与设想。广告策划不是具体的广告业务，而是广告决策的形成过程[②]。后者认为，广告策划是广告人通过周密的市场调查和系统的分析，利用已经掌握的知识（情报或资料）和手段，科学、合理、有效地布局广告活动进程，并预先推知和判断市场态势和消费群体定式的现在和未来的需求，以及未知状况的结果[③]。

① 卫军英．现代广告策划[M]．杭州：浙江大学出版社，2001:3.

② 唐仁承．广告策划[M]．北京：轻工业出版社，1989：4-5.

③ 杨荣刚．现代广告策划[M]．北京：机械工业出版社，1989：6.

广告策划同广告运作紧密相关，是对广告运作过程的筹划与安排。广告运作是指在现代广告中广告发起、规划、执行的全过程，是广告主体的主要行为。广告主、广告代理商、广告媒介密切合作，环环相扣，分别扮演不同的角色，承担不同的任务，形成现代广告最为基本的活动模式。在这种基本模式中，广告运作表现出它鲜明的特性：它是一种动态的过程；它是一种按一定顺序连续发生的行为；它由各种必要的环节构成，各个环节都包含丰富的内容。

在现代广告的生存环境中，广告主—广告代理商—广告媒介这一核心链条早已经固定下来。这一链条具有两重性质。首先，它是现代广告市场的基本运营机制，即广告主委托代理商负责广告业务，代理商委托媒介进行广告发布，广告主支付媒介广告费用，代理商从媒介处获得佣金。其次，它是特定的广告本体——广告运动：广告主向代理商提出“做广告”的要求，代理商为广告主策划广告活动，创意、设计、制作广告作品，媒介向受众发布广告作品。这一过程正是我们探讨广告运作规律的基础和核心。

现代广告运作是综合了多方面要素的系统性过程，而这一过程要合理、有序、有效运转，必须依靠事先的计划和准备，即广告策划。因此，广告策划实际上是规定广告主—广告代理商—广告媒介这一核心链条具体任务以及相互关系的总的安排，是根据广告主的营销策略，按照一定的程序对广告运动或者广告活动的总体进行的前瞻性规划的活动。它以科学、客观的市场调查为基础，以富于创造性和效益性的广告策划文本为直接结果，以广告运动的效果调查为终结，追求广告运动进程的合理化和广告效果的最大化，是广告公司内部业务运作的一个重要环节，是现代广告运作科学化、规范化的重要标志之一①。

二、广告策划的形成与发展

广告策划以广告代理商为主要的行为主体。因此，广告策划的形成与发展其实就是代理商一步步从小到大，从单一的版面贩卖工作到提供综合性策略策划服务的演变与提升过程。广告代理商出现于19世纪，在近200年的发展历程中，广告代理商的主要角色及其提供的服务项目与任务经历了四个阶段的发展变化。

（一）版面销售的时代

广告代理商最早是应报纸媒介的需求而产生的，通常隶属于报纸的广告部门，

① 张翔，罗洪程．广告策划——基于营销的广告思维架构[M]．长沙：中南大学出版社，2003：15.

或者由与报纸有密切关系的人开办，主要业务是为报纸推销广告版面，从中收取一定的佣金，大多依附于媒介，独立性较弱。

（二）版面掮客的时代

随着企业广告业务和报纸媒介数量的增加，广告代理商开始应广告主的要求代理媒介购买，同时代理多家媒介的广告业务，而且不再作为媒介版面的推销者，而是媒介版面的购买者，从买卖的过程中赚取差价。这样，广告代理商就成为独立性较强的版面掮客。

（三）技术性广告服务的时代

随着广告的发展，广告代理商提供的单纯的版面购买服务已经难以满足广告主的需求，代理商之间的竞争也越来越激烈，因此部分广告代理商开始提供更为丰富的广告服务内容，如广告创意、设计、制作等。由此，广告代理商的角色也进入技术性广告服务时代。这个阶段持续了相当长的时间，并且仍在当代的一些广告公司中延续，但所提供的服务更为复杂，技术水平有更大幅度的提高。

（四）策略性广告服务的时代

在提供技术性广告服务的时代，代理商多数按照广告主的要求提供服务，很少对广告主提出策略性建议。但是随着专业化分工的加速和广告水平的提高，广告主不但不愿再独立承担制订广告策略的任务，而且也越来越没有能力完成这样的任务，因此更多地依靠专业化的广告公司，广告公司开始提供策略性的广告服务，如制订广告计划、塑造品牌形象等。

在这个阶段的前期，广告代理商的服务还仅仅局限于为广告主提出广告策略的建议。但是，当代的广告代理商已经越来越深地介入广告主的市场营销运作中，根据广告主的市场营销策略制订长期的、全面的广告战略，即进行全面的广告策划。

近年来，在广告运作的过程中，广告策划被要求在更为宽广的地域范围内、竞争性更强的市场中、非常复杂的表达技巧中进行策略的选择，使广告能够满足难度日益加大的企业营销的需要，有方向、有控制地施行。由此，广告代理商的策略性服务逐渐地向更深、更广的方向发展，而整合传播的出现，恰恰体现出了这种发展趋势。

广告策划诞生于实践之中。由于企业与市场的需要，广告策划必须衔接市场营销与企业战略，并基于详尽而周密的分析，形成有关广告运作的战略和决策。

随着现代广告的不断发展，广告策划中的一系列战略分析与决策过程已经形成了完整有效的运转模式，这对提高整体广告运作的科学性有巨大的贡献。

三、广告策划的功能

广告策划在企业广告活动与整合传播中占据着重要的地位，承载着特殊的功能。具体来说，广告策划的功能主要表现为以下几个方面。

（一）广告策划承担着实现企业营销传播目标的功能

对于整体的企业营销策划而言，广告策划是营销策划的重要组成部分，是服务于企业营销策划的。营销策划的目标也指导着广告策划的整体运作，也就是说，广告策划必须帮助实现或达成营销策划的目标。同时，广告策划不仅要有助于实现营销的目标，更重要的是实现传播的目标，即广告作品的曝光度、点击量、传阅率、观看频次、收视率、互动率等是否达到预期，该广告运动是否能提升所传播的产品的知名度和认知度等。因而，广告策划承担着实现企业营销传播目标的功能。

（二）广告策划承担着实现品牌传播目标的功能

广告策划的目的是通过广告作品与企业的目标消费群体进行深度沟通，让目标消费群体知道这个品牌，爱上这个品牌，并且选择和忠诚于该品牌。也就是说，企业通过广告策划要提升品牌的知名度、美誉度、忠诚度。通过广告策划，企业向目标消费群体传播其品牌的核心价值，塑造差异化的品牌形象，建立品牌个性，最终促使消费群体对该品牌形成认同，为品牌资产的增值做加法。例如，著名的运动品牌耐克通过广告策划创造出了容易记忆又特别具有动感与个性的广告口号"Just Do It（想做就做）"。这句广告语激励其目标消费群体"想做就做，勇敢做自我"，说出了年轻人的心声，年轻人也因为该广告语爱上了耐克，促使耐克成为运动产品界的成功品牌。

（三）广告策划承担着整个广告运动的枢纽功能

广告策划是整个广告运动的核心和灵魂，对广告运动具有指导性和决定性的作用。首先，广告策划为整体广告运动提供战略指导思想。广告策划文本中应明确规定此次广告活动要实现的营销战略目标及品牌战略目标，并且要确定总体的广告战略的思想。其次，广告策划为广告运动提供具体行动计划，广告策划文本

中应有广告运动详细的实施计划，包括广告媒介投放计划、广告促销活动计划、大型事件广告活动的计划，等等。再次，广告策划安排并制约广告运动的进程，驱使广告运作更加科学、合理、规范。广告运动的所有实践活动应围绕广告策划文本的指导来展开：广告调研何时开展？广告创意何时创作并完成？不同的媒介广告何时开始投放，何时结束？这一切都由广告策划书的计划来规定与制约。最后，广告策划应承担预测、监督广告运动效果的功能。广告效果的预测、监督与广告策划书中所设定的广告目标存在紧密的相关性。广告策划书在一开始编写时就拟定了明确的广告目标，并且依据广告目标的实现拟定了广告效果衡量的指标，因而在广告运动实践过程中，需要对照广告效果的指标完成程度，来监督本次广告运动的广告效果实现的情况。

四、广告策划的目标

广告策划是对广告运动的整体规划或计划，是关于广告活动的谋划。每一次广告策划都是为了实现某种目标，达到某种广告效果。由于每个独立的广告运动的广告传播主体不同，所以这些不同的广告活动要实现的目标也存在较大的差异。就商业广告策划来说，广告策划的目标主要表现在以下三个层面。

（一）广告策划以实现产品目标为中心

每个广告活动的发起都源于广告主的某种目的。有的广告主为了配合新产品的上市，需要推广新产品的使用功能与特点，让更多消费者了解其新产品，因而需要开展一次广告运动，该广告策划以产品为主体，重点传播产品的独特卖点。有的广告主做广告的目的是直接打击竞争对手的产品，在与竞争对手的比较竞争中，提升自己产品的知名度。多数情况下，以产品为中心的广告，其主要目的是促进产品的销售，实现广告主企业的赢利。

（二）广告策划以实现市场目标为中心

市场目标是广告策划的重要目标之一，与广告策划的产品目标存在紧密的相关性，以实现产品或服务的市场竞争力提升为核心。具体来说，有的广告主将抢占更多的市场份额作为广告策划的目标。由于要抢占更多的市场，广告策划的广告运动不仅要注重线上的传播，还要和线下的互动与实体的销售进行结合。有的广告主将进入某个新的市场，打开产品在新市场的销路作为广告策划的目标，以开辟新市场为目标的广告策划通常是在新市场的领域内开展相关的广告活动，这类广告策划地域性很强。

（三）广告策划以实现品牌目标为中心

品牌目标是广告策划要实现的更高层次的目标，也是广告策划的终极目标。事实上，每一次成功的广告策划活动都是在为广告主的品牌资产做加法。

广告策划要实现的品牌目标可以细分为以下三种。

1. 广告策划以树立差异化的品牌形象为目标

每个优秀的品牌都有差异化的品牌形象，广告策划的目的就是帮助广告主的品牌创造差异化的品牌形象，经过长期的传播，让这种差异化的品牌形象植入目标消费群体的内心。

2. 广告策划以创造独特的品牌个性为目标

品牌个性是品牌基因独特性的重要内核。品牌形象形成差异，而品牌个性创造认同。广告策划的目标是帮助广告主的品牌创造品牌个性，造成品牌崇拜。比如，中国移动针对青少年与大学生等年轻群体推出的"动感地带"，广告策划的目标就是让年轻人认同动感地带"我的地盘，我做主"的理念，强调"时尚、好玩、探索"的个性，广告传播的代言人选择了当时年轻人的偶像周杰伦，他因为极具独特个性的 R&B 及 New Hip-Hop 的曲风而风靡全国。动感地带的套餐也是专为大学生等年轻人设计，广告也与年轻人喜欢的音乐联系在一起，号召大学生群体"玩转年轻人的通信自治区"。

3. 广告策划以传播品牌核心价值为目标

品牌核心价值是一个品牌区别于其他品牌最重要的因素。如果说产品的功能与特点是品牌的物理基础，那么品牌的核心价值就是品牌的精神，是品牌与品牌利益相关者进行深度沟通的价值主张。一般来说，卓越的品牌都拥有明确的核心价值。广告策划可以有效地传播品牌核心价值，让消费者及相关的公众了解该品牌的核心价值。

综上所述，商业广告策划的目标主要包括产品目标、市场目标和品牌目标。企业在不同的阶段需要实现不同的广告策划目标，但无论如何广告策划都要为品牌的资产增长与良好的品牌形象建立服务。

与商业广告策划不同的是，公益广告策划的目标主要有两个：其一，改变公众的认知或原来的态度，形成一种新的认知或态度；其二，促进某种公共的行为。

第二节　广告策划的内容与程序

一、广告策划的内容

广告策划，主要包括广告市场调查、产品认识与定位、市场认识与细分、广告战略策划、广告媒体渠道策划、广告推进程序策划和广告效果评估等七项内容。鉴于篇幅问题，部分内容在后面的章节中要进行详细的介绍，在这里只作条理化、概括性的分析，以便大家从整体上把握广告策划的基本内容。

（一）广告市场调查

广告市场调查是广告策划与创意的基础，是必不可少的第一步。广告市场调查主要是以商品营销活动为中心展开的，围绕着市场供求关系来进行。市场调查的主要内容包括广告环境调查、广告主企业经营情况调查、产品情况调查、市场竞争调查以及消费者调查。通过深入细致的调查，了解市场信息，把握市场动态。研究消费者的需求方向和心理嗜好，明确广告主及其产品在人们心目中的实际地位和形象，能够为广告策划提供大量的一手信息资料。

（二）产品认识与定位

广告策划的一个重要课题是要使广告产品在人们心目中确立一个适当的、不可替代的位置，从而区别于其他同类产品，给消费者留下值得购买的印象。因此在了解了该组织、该企业及其产品在社会上的实际形象后，要继续深入研究和分析该企业及其产品的各类特征，如产品物质特点、产品的文化价值、产品的识别标志等，并以此进行产品定位和广告定位，为广告策划与创意指明方向。

（三）市场认识与细分

现代广告与当代市场紧密相连，现代广告需要当代市场为其提供充分发挥作用的广阔天地，而当代市场也需要运用现代广告去开拓和发展。因此对市场进行深入认识和细分也是广告策划的一项重要内容。通过市场认识与细分，就可以保住主要目标市场，拓展周边市场，抢占空白市场，避开竞争激烈的市场，使每一分广告费用都能获得最大效益。

（四）广告战略策划

广告战略从宏观上规范和指导着广告活动的各个环节。广告战略一般包括四个方面的内容。

（1）广告战略思想是积极进取，还是稳健持重；是长期渗透，还是高效集中，不同的战略思想会对广告战略起不同的作用。

（2）广告战略目标，即根据产品销售战略，确定广告目标，决定做什么广告，达到什么目的。

（3）广告战略设计，即确定广告战略方案，可以从市场、内容、时间、空间、优势、消费者心理、传播范围、媒体渠道、进攻性等多角度设计。

（4）广告经费预算，即根据营销情况、广告目标、竞争对手等因素进行合理的预算分配。

（五）广告媒体渠道策划

广告媒体渠道策划是现代广告策划的重要内容，对广告宣传的得失有重要影响。选择广告媒体应充分考虑媒体的性质、特点、地位、作用、媒体的传播数量和质量、受众对媒体的态度、媒体的传播对象以及媒体的传播费用等因素，再根据广告目标、广告对象、广告预算等综合分析与权衡，来选择组合和运用。

（六）广告推进程序策划

广告推进程序策划主要包括广告表现和广告实施策略。广告表现是将广告主富有理性和战略性的言论，用情感丰富的、性格化的表达方式表现出来。广告实施策略包括广告市场策略、广告促销策略和广告心理策略，其主要目的是对广告表现可行性进行分析，考察市场策略、促销策略、广告心理策略在广告活动中的地位和作用。

（七）广告效果评估

广告效果评估是广告策划的最后环节和内容，也是广告主最关心的部分。通过评估可以判定广告活动的传播效果，为下次广告策划提供参考依据。

二、广告策划的程序

作为一项系统工程和一项思维工程，广告策划已经形成一套成熟的工作流程。下面分别从广告公司工作程序及广告策划的内容和要素两方面来介绍广告策划的程序[①]。

---

① 饶德江，陈璐．璐珈广告学丛书 广告策划与创意[M].武汉：武汉大学出版社，2015：85.

（一）广告公司工作程序

从广告公司工作程序来看，广告策划的程序是指广告公司从客户手中接到广告任务之后的工作步骤，一般程序如下。

1. 组建广告策划团队

该团队成员包括以下几类人：项目主管、策划人员、市场调查人员、文案人员、广告艺术设计师、媒介策划人员和公共关系人员。项目主管一般由广告公司的总经理、副总经理、创意总监、策划部经理等人担任，对整个广告策划项目负有全局统筹、规划、协调的责任。策划人员一般由广告公司正副主管和业务骨干来担任，主要负责广告策略思想的提出与广告计划的编写。市场调查人员必须熟练使用各种调查方法，尤其是基于大数据的各种新型的调查方法。文案人员负责该广告策划中的文案工作，包括撰写广告正文、标题、新闻稿等。广告艺术设计师负责该广告策划的广告创意的创作与艺术表现。媒介策划人员必须与传统媒体及各类型的新兴媒体建立良好关系，熟悉媒介效果评估的各种方法，编制广告媒介投放的方案。公共关系人员需要与媒体及政府保持良好关系，策划公关活动的方案，品牌发生危机时需要及时采取相关的危机处理方案。

2. 商讨和制订广告战略与广告策略，进行具体的广告策划工作

在广告策划工作开展前要确定本次广告策划的目标和指导性原则。在深入调查的基础上，项目组开始讨论实现广告目标的具体策略，如广告的诉求主题策略、广告的媒介策略及促销策略等。

3. 撰写广告策划书

这是广告策划工作的成果，也是整个广告活动的行动纲领。

4. 向客户提交广告策划书，并经双方商讨再进行修订和调整

广告策划书必须经过广告客户的认可方可进行广告的制作、投放与发布等实施阶段。

5. 将广告策划方案交由各职能部门具体实施，并监督实施的情况

策划项目组要监督创意、设计部门是否将广告创意成功地转为适合不同媒介的广告作品，同时需要督促媒介部门按要求科学合理地购买和组合媒介资源，如果发现问题，需要及时作出反应和查漏补缺。

6. 向广告主提交广告策划效果评估书

运用第三方监测数据，分析通过本次广告运动所取得的广告效果，总结本次广告策划的经验与存在的问题。

（二）广告策划的内容和要素

从广告策划的内容和要素来看，广告策划的程序如下。

1. 确立广告策划的目标

任何一个广告策划活动都必须拥有确定的、统一的目标，广告策划的目标通常与广告营销的目标和品牌传播的目标存在紧密相关性。不同的广告主在不同的传播阶段，其广告策划的目标存在很大差异。对于新品牌来说，广告策划的目标主要是提升该品牌的知名度，也就是让消费者知道这个品牌有什么特点与功能。对于市场中的知名品牌，广告策划的目标就是加强品牌与消费者之间的亲密关系，树立差异化的品牌形象，传播独特的品牌个性，增强品牌资产。比如，可口可乐近年来在中国市场的广告目标与其营销战略目标是一致的，就是实现可口可乐的本土化与年轻化，因此，在可口可乐的广告中会看到很多“中国元素”，如福娃、中国结、年年有余（鱼）等。

2. 开展广告策划的调查

在广告目标明确之后，需要通过广告调查来确立传播的战略与诉求策略。广告调查是广告运动成功开展的前提。正如“没有调查，就没有发言权”一样，没有调查，就无法进行科学的广告决策与规划，更无法实现广告效果。广告调查主要包括行业现状调查、竞争对手调查、广告主的产品与品牌调查、消费者调查，以及媒介使用习惯与行为调查。

3. 确立广告传播战略

广告战略目标决定着广告策划的基本方向，对其他广告策略的制订与执行具有很大的指导和统率作用。广告传播战略的选择是在对品牌的竞争态势、发展目标及企业的自身经济情况综合评估后做出的。在制订广告战略目标时，要遵循整体性、可执行性和集中性的宗旨。广告战略目标必须符合广告主整体的营销目标和品牌发展目标。同时，广告战略目标要明确且切实可行。

4. 确立广告诉求主题

广告策划的核心任务是确定广告“说什么”的问题，也就是在广告中要告诉消费者或用户什么内容。广告的主题内容必须与众不同。一般来说，广告到底“说什么”与广告的目标也存在紧密联系。如果广告策划的目标是提升产品的区隔度，那么广告必须告诉目标消费者该产品独特的卖点。

5. 确立广告创意及不同媒介的创意表现

在广告策划中，确立了广告主题之后，需要将这一主题具体化、形象化，也就是通过创意生产的方式体现该主题。广告主题的创意表现是广告策划实施的重要环节。广告创意表现通常与特定的媒介存在紧密联系。

6. 制订广告媒介投放策略

广告创意确定之后，要选择哪些媒介进行刊播和投放？制定合理的媒介组合策略对广告传播效果的实现特别重要。好的创意必须通过合适的媒介平台传播出去，只有这样目标消费者才能看到或听到该广告，进而对相关的产品与品牌留下一定的印象。

7. 广告策划的预算

预算是广告策划能够顺利实现的重要保障，没有合理的广告预算，再完美与绝妙的创意都无法实现。"巧妇难为无米之炊"，没有广告预算，广告创意便无法制作，广告也无法在媒介平台上投放。当然，必须根据广告主自身的情况做出科学的广告策划预算，既不能预算太多，导致资源的浪费，也不能预算太少，以致无法有效地实施广告活动。

8. 广告效果监测与评估

任何一次广告策划都要追求最大化的广告效果，没有效果的广告活动，广告主是不愿意买单的。所以，广告效果的监测与评估对广告目标的实现尤为重要。一般来说，为了保证广告效果监测的公正性，广告公司会邀请第三方来进行广告效果的监测与评估。广告效果的监测与评估要注重连续性，要保证客观、真实。每一次广告效果的监测与评估都可以为广告主下次广告活动提供参考。

第三节　广告策划的特征与原则

一、广告策划的特征

（一）目标性

广告策划活动是围绕一定的产品目标、市场目标或品牌目标来展开。广告策划就是为了保证广告主营销或品牌的目标充分实现而进行的一种预先谋划。因而，目标性是广告策划的一个重要特征。如果没有目标，广告策划就失去了存在的价值，一个没有明确目标的广告策划文本，即使创意再好，也不能让广告主买单。广告策划的目标性还体现在其营销目标与传播目标上。广告策划的营销目标主要表现为：①通过成功的广告策划实现广告主当年的销售目标；②通过成功的广告策划提升产品或品牌的市场占有率；③通过成功的广告策划促进广告主产品的销售增长率。广告策划的传播目标主要表现为：①实现期望的广告的到达率、收视率、传阅率、点击量和互动率；②提升广告的认知度；③增强广告的记忆度；④提升广告的好感度与品牌口碑。

另外，一般来说，年度整合的广告策划方案都存在总目标与分目标。总目标是指广告策划所要达到的年度总的主要的营销与传播目标；分目标包括不同时间段或不同的具体的活动策划的目标。

总之，广告策划的目的是解决广告主存在的实践问题，因而在广告策划的过程中必须制订明确的目标，立足于目标来进行策划，制订合适的创意策略与媒介策略。当目标发生变化时，策划方案也应该做出相应的调整；如果偏离了目标，所做出的策划方案只是形式上的摆设，而无法为企业或品牌解决实际的问题。

（二）针对性

针对性是广告策划的重要特征之一，广告策划的针对性主要表现在以下几个方面。

1. 广告策划一般是针对特定的产品、品牌、服务或价值理念来展开

电视上的多数广告，都是针对特定的产品销售卖点来传播的。当然，也有一部分广告是针对品牌特定的价值观念来展开的。

2. 广告策划是针对特定的目标受众群体的

广告策划是对广告活动提前进行的科学的谋划与规划，为了实现广告策划的目标，任何一次广告策划都需要确定针对性的目标对象，也就是要确定目标受众。比如，台湾奥美广告公司在为统一食品集团旗下的左岸咖啡做广告策划时，就是针对17~22岁的年轻女性来展开的，这个目标消费群体的特征：诚实、多愁善感、喜爱文学艺术，但生活经验不多、不太成熟，喜欢跟着感觉走；相对于产品质量而言，她们更寻求产品以外的东西，她们更感性，寻求情感回报，追求成熟的东西，寻求了解、表达内心需求的品牌。因而，在进行广告策划时，左岸咖啡馆被赋予了强烈的文学气息，是来自法国塞纳河边的神秘幽远的艺术圣地，带着咖啡芬芳、成人品味，给她们精神上带来一种全新的感觉。

3. 广告策划通常也是针对特定的市场来展开的

广告策划的一个重要目标就是市场销售的目标。有的广告策划的目的是为某个产品或品牌在某个城市建立知名度，有的广告策划的目的是促使广告主的产品或品牌从地方品牌走向全国品牌，在全国提升品牌知名度。广告策划只有针对特定的市场来展开，才能够取得实际的广告效果。比如，上海金枫酒业股份有限公司开发了针对上海市场的"石库门上海老酒"产品品牌，该产品在策划时就考虑到将产品包装与广告片都融入"石库门"元素，用"石库门"让人想起老上海的味道。石库门上海老酒的一则平面广告放入文案是"石库门1号就是上海味道"。石库门黄酒以东情西韵、华洋交融的气质诠释着上海文化的独特魅力，打破了传统黄酒的固有形象，塑造了全新的黄酒文化观。历经十年，石库门上海老酒已

成为行业翘楚和市场领先者，成长为上海黄酒市场第一品牌、全国知名品牌。在取得 2010 年上海世博会黄酒品类赞助商资格后，石库门上海老酒与这座城市一起，向全世界展现“开启石库门，笑迎天下客”的开放魅力与最值得记忆的海派时尚。“上善若水，海纳百川”的上海城市精神，是石库门品牌独一无二的价值源泉。

另外，广告策划市场的针对性还表现在具体的广告活动的执行过程中。一般来说，广告活动的执行需要与特定的线下市场卖点相结合，这样才能促进产品的销售。

（三）系统性

广告策划是作为一个整体出现的，它可以是一个产品或品牌一段时期的广告传播计划，也可以是一个产品或品牌较长期的传播计划，但是不管怎样，它都是一个独立而完整的有机系统。广告策划的系统性是指广告活动的各个环节、各个要素在总体广告目标的约束下互相协调、互相依存、互相促进，各种广告策略系统组合、科学安排、合理运用，成为一个严密的系统①。

除了广告策划的自系统，广告策划的系统性还表现在广告策划与营销系统的关系上，也就是说，对于商业广告来说，广告属于营销系统的一个重要组成部分，营销战略指导广告策划的广告战略与广告策略；同时，广告还需要与营销的其他手段，如促销、公关、直销等互相协调配合。另外。广告策划的系统性还需要处理好广告与企业整个系统的关系，广告与企业内部其他功能系统构成企业发展的一个大系统。在广告策划实践的过程中，可能需要协调处理企业产品部、设计部、销售部、公关部等各职能部门的关系。因而，广告策划的系统性需要考虑三个系统：一是广告活动的自系统，二是广告与营销系统，三是广告与企业系统。

随着整合营销传播的兴起，广告策划的系统性在实践中显得尤为重要。整合营销传播要求企业在进行传播时坚持统一的形象与一致的声音，这事实上也是广告策划的系统性的要求。广告策划是一个系统性的工程，不仅表现在某一次广告活动策划的系统性，还表现在某个品牌持续传播的系统性，因为一个品牌的形象的塑造与品牌资产的积累是一项重要的系统工程。广告传播不能为了求新、求异的广告创意而破坏品牌在消费者心中形成的长期的、系统的形象。比如，百事可乐在中国市场自从 2012 年以来，每年春节期间的广告策划的主题都是“把乐带回家”，暗示着把百事可乐带回家，就是把“乐”带回家。

总的来说，广告策划的系统性原则要求做广告策划不能只局限于眼前的利益，

---

① 饶德江，陈璐．珞珈广告学丛书 广告策划与创意[M]．武汉：武汉大学出版社，2015：85.

还要从企业和品牌发展的全局和长远利益出发。同时，在广告策划的实践过程中不仅要思考广告策划与营销战略及目标的关系，还需要考虑为企业及品牌长期的形象与资产服务。

（四）创新性

只有创新的广告才能打动消费者，才能在市场上形成差异化的竞争优势，因而广告策划必须具有创新性。可以说，创新性是广告策划的一个重要特征，没有创新性的广告策划，就没有创新的广告创意；没有独特创新的广告创意，广告活动的效果就不会很好，广告主的广告目标与营销目标也就难以实现。因而，广告策划必须追求创新性。具体来说，广告策划的创新性体现在以下几个方面。

1. 广告策划中定位的创新

创新对于广告策划的定位策略的形成尤为重要。一个成功的广告活动，一定要有明确的定位。可以毫不夸张地说，如果品牌能够在广告中实现创新的定位，那么这个品牌的知名度与市场差异化优势就会凸显出来。

2. 广告策划中诉求内容的创新

广告中的诉求内容是否有新意，是否能打动目标消费群体的心灵，对广告效果的实现尤为重要。在20世纪60年代，科学派的广告大师大卫·奥格威就提出，广告“说什么”比“怎么说”更重要。的确，广告“说什么”是非常重要的。广告策划要追求诉求内容的创新，要与竞争对手区别开来，才能脱颖而出。比如，在世界广告史上，大众甲壳虫汽车的广告诉求的内容就别具一格，当很多汽车品牌都在说自己的汽车多么宽敞、多么气派的时候，大众甲壳虫汽车却反其道而行之，在广告中提醒消费者“think small（想想小的）”。确实，小巧玲珑的汽车在拥挤不堪的大都市有很多好处。方便停车与省油是大众甲壳虫汽车的主要卖点，小巧玲珑与可爱的汽车造型也是吸引消费者的一个重要理由。

3. 广告策划的创意表现方式的创新

广告策划的创新性还体现在创意表现方式的创新。一个好的广告创意诉求要有独特的表现方式，如果没有独特的表现方式，那么广告创意就无法吸引目标消费者的注意力。广告创意的表现方式要有创新性主要是为了使创意的诉求内容能够吸引目标用户的关注，从而达成深度的共鸣。广告内容所选择的媒介类型对广告表现方式存在较大的影响，如何把平面媒体的广告内容变得更加立体、真实，就需要广告创意表现方式的创新。另外，观众普遍对传统的叫卖式视频广告比较厌烦，如何让视频广告的表现更符合中国人的审美心理，就需要广告创意表现方式不断推陈出新。例如，中国方太油烟机的“油烟情书”广告。在“油烟情书”

广告面世之前，大多数油烟机广告基本都是从技术的理性层面来表现，主要表现该油烟机采用了何种技术能够发挥较好的抽油烟的效果，同时以明星代言来证明其是大品牌。然而，方太油烟机这个广告洞察了消费者内在的心理需求，采用情感诉求的方式，广告策划的创意内容将“油烟”与“情书”联系在一起，这是在油烟机广告行业前所未有的创新。同时，方太做了一件很有情怀的事：上门收集油烟机中的废油，将这些寻常人家柴米油盐的产物制成油墨，印成“油烟情书”。从字面上理解，“情书”是纸质介质，那么，如何通过创新的视频广告来呈现“油烟情书”的故事？

方太在网络上播放的一条名为“油烟情书”的创意视频，讲述了一个父辈人的爱情故事。这条视频采编自一对夫妇50年的来往书信，讲述了他们用一日三餐和1 872封书信共同记录的时光。女主角与男主角在“下乡”的时候相识、相恋，两人的恋爱是油烟串起来的。正如该广告视频中男主角所言：“想你的时候，就做个你爱吃的菜，思念和油烟也说不清哪个更浓。”女主角一辈子享受着男主角对她的爱，这份爱不仅浓缩在1 000多封信中，也浓缩在油烟之中。正如女主角所言：“结婚50年，我写了1 872封情书向他表白心意。他这个人不常写信，却用半个世纪回了我一封特别的情书。而这封特别的情书就是‘油烟情书’。”“油烟情书”视频广告拍得很有创意，男女主角在微距拍摄的情书上游走，信的内容随着故事推进而变化。一笔一画都是他们相爱时光的证明，让广告更加感人。这个广告不仅感动了我们的父辈，勾起了他们对往昔浓浓的回忆，也让生活在移动互联网时代的年轻人特别感动，他们甚至很羡慕父辈的这种“油烟情书”的恋爱方式，因为在电子科技如此发达的当下，年轻人谈恋爱几乎没有浪漫的情书了。在快餐化的今天，多数人无法坚守这种细水长流的“油烟情书”的生活。因此，这条满满“烟火气”的广告，却被网友称为一股清流，获得了多数人点赞。

4. 广告策划的媒介策略的创新

著名的媒介学者马歇尔·麦克卢汉曾经说过，媒介即信息，这说明媒介不只是简单的介质，其本身就是信息。在广告策划过程中，媒介策略的选择也非常重要。不同的品牌在不同的发展阶段都会采取不同的媒介策略。媒介策略的创新对广告策划的目标是否能成功实现尤为重要。

总之，广告策划的整个过程都需要融入创新的思维。在广告策划的战略选择阶段，需要有创新性的前瞻眼光。在广告策划的分析阶段，要用创新的思维为广告进行差异化的精准定位。广告策划是通过广告竞争来取得市场优势，广告策划精准的、创新的定位对品牌竞争优势的形成十分重要。在广告策略与广告主题确定阶段，更需要创新性的策略与主题。很多时候，一个与众不同、容易记忆、能够引起共鸣的广告口号对形成品牌的竞争优势具有重要作用。在广告策划的创意表现阶段，需要将广告策略与广告主题创新性地表现出来。最后，在广告媒介策划过程中，也需要融入创新的思维，对媒介进行最有效的组合，以实现广告目标。

（五）指导性

广告策划是广告活动实施之前的一些策划与谋划，广告策划书是规定广告如何实施的指导性文本。广告策划指导着广告的各个环节，以及各环节的关系处理，对整体广告活动来说是一个行动纲领。毫无疑问，指导性是广告策划的一个重要特征。广告策划的指导性要求广告在实施过程中必须依照广告策划书来进行，按照广告策划书中所拟定的目标来指导整个广告策划的实施。同时，需要严格按照广告策划书所拟定的计划来开展广告活动。如果在广告实施的过程中，出现一些意外的情况需要改变或调整策划书，那么广告代理方与广告主之间需要友好协商，重新确定一个修改后的广告策划文本，广告具体的活动再按照新的策划文本来实施。

（六）可执行性

广告策划书是指导广告实践的重要文本。广告策划既然具有很强的指导性，那么广告策划书中的规划与计划一定要具有很强的可执行性。如果广告策划书没有可执行性，就难以指导广告实践活动。广告策划的可执行性的程度决定着广告目标可实现的程度。可执行性的考量体现在广告策划的整个过程之中。在广告代理过程中，以广告公司为主的广告代理方需要为广告主提供具有指导性、可执行性的广告策划方案。因此，可执行性也是广告策划的一个重要特征，贯穿于整个广告策划的实践过程，从广告预算、广告目标、广告策略与主题的确定到广告创意与代言人的选择、广告媒介的选择等任何一个环节都需要考虑可执行性。首先，广告策划的可执行性要考虑在广告主合理的预算范围之内的广告目标的策划。如果在广告策划的过程中，不考虑广告主自身的经济实力，盲目地给广告主设定一个所谓的高大上的目标，最后对广告主来说，实际上可能是个伤害。其次，广告策划书中关于广告策略的制订、广告主题的确定及广告创意的构想都需要考虑可执行性。在广告策划活动中，关于广告策略、主题与创意的头脑风暴，都要以可执行性为前提，不能执行的创意只是一种天马行空的意念，正如空中楼阁与海市蜃楼，只是看起来很美，创意人可能会飘飘然地自我陶醉，但对广告主来说，不会产生实际的广告效果，也不会推动广告目标的实现。最后，广告代言人的选择、广告媒介的选择都应该具有可执行性。比如，对于一个实力不是很强的地方性品牌，就不应该在广告中动辄花费几千万邀请当红明星来代言，也不应该花费巨额广告费在昂贵的媒体上做广告。

二、广告策划的原则

（一）经济性原则与道德性原则

一般的商业广告都是企业广告主付费的商业活动，广告主追求最大化的经济利益是无可厚非的。但是，广告策划在追求经济利益的同时，一定不能忽视道德性原则。广告策划的广告活动及广告作品属于社会主义文化的重要组成部分。广告文化属于消费文化，这种消费文化对社会消费的心理、价值观以及行为都可能产生不同程度的影响。有些广告文化是直接影响社会心理与社会价值，而有些广告是潜移默化地影响社会心理与社会价值。因此，广告策划坚持道德性原则尤为重要。坚持道德性原则主要体现在：第一，广告信息和广告表现必须真实，必须符合我国相关的广告法律法规。第二，广告策划必须坚持正确的价值导向。在新时代，广告策划要弘扬社会主义核心价值观，要传播正能量的思想与价值观念。广告策划要尽量摒弃暴力广告与低级趣味的色情广告，增强广告的人文关怀，赋予广告新时代的正能量气息。比如，广告策划可以将“中国梦”与“我的梦”和中国某个品牌的梦相结合。例如，梦之蓝酒的广告语：一个梦想，两个梦想，三个梦想，千万亿个梦想，中国梦，梦之蓝。一个人的梦，一个民族的梦都是鲜活而独特的中国梦，只有每个人成就了个人的梦想，每个企业成就了自己的梦想，中国才能成就大梦想。企业追求和国家价值取向相融，便是一种完美的契合。

（二）创新性原则与实效性原则

广告的目的是吸引消费者关注，让消费者认同，进而促进消费行为。如何实现广告目标？毫无疑问，企业和品牌需要创新性的广告创意。创新性原则是广告策划需要坚持的重要原则。广告策划的创新性原则主要包括广告定位的创新、广告诉求方式的创新、广告创意表现方式的创新。广告创意是通过构思、创造意境来表现广告主题。广告创意的生命力就是创新，可以说“没有创新，就没有创意”。

由于广告策划存在很强的目标性，广告策划必须坚持实效性，只有实用的、可执行的广告策划才能顺利实现广告目标。广告策划坚持实效性必须注意以下两点：

第一，广告策划必须重视策划目标的可实现性。商业广告是企业的一种投资，广告策划不能脱离企业的实际，否则再好的广告策略都只能是纸上谈兵，无法实现落地。企业的广告投资要考虑广告目标策略的需要，但必须从自身的实力出发来考虑，所以在决定广告目标、拟定广告计划时，要进行可行性论证，从实际情况出发决定广告实施方案。在广告策划中应重视可执行性研究，提高广告策划的实效性和实用性。

第二，广告策划的每个环节、每个步骤、每个方案都是具体可执行的、能够实际操作的。

（三）系统性原则与灵活性原则

广告策划是一个完整的、系统性的思维工程。广告策划遵循系统性原则存在着其内在逻辑的必然性，主要体现在两个方面：一方面，广告策划是企业营销策划的有机组成部分，是企业营销策划的分支系统，因此必须服从并服务于这个大系统，使企业营销组合中的各项策略相互协调和发挥作用。另一方面，从广告活动的全局来看，广告策划居于核心地位，具有统率作用。也就是说，广告运动中的广告调查、广告战略、广告策略、广告创意与表现、广告媒介安排和广告效果测定等处于广告策划的一个系统中。广告策划过程中的这几个环节是紧密相连的，不是各自独立、毫不相关的。

广告策划遵循系统性原则，就是要协调广告活动中各要素与环境的关系，讲求整体的最佳组合，从全局着眼，通盘规划和组合。把广告策划作为一项系统工程来进行，重点应该协调四个方面的关系。一是广告与产品及品牌的关系，广告要服从于产品与品牌，传播产品的特性与功能，塑造品牌的个性，增强消费者对品牌的认同。二是各媒体、各种促销手段的关系应该互相配合，实现整合传播。三是广告的内容与表现形式之间的关系，形式必须服务于内容，内容通过创新的形式来表现，两者需要实现有机的统一。四是广告与外部环境之间的关系，广告要适应市场环境、政治经济环境，并利用好外部环境中的有利因素，实现广告目标。因而，在广告策划中，要从系统的概念出发，注意每一个因素的变化可能引起其他因素的变化及产生的影响。

但是，在坚持系统性原则的同时，广告策划也应该讲求灵活性。灵活性原则要求广告策划根据企业或品牌不同的发展阶段，做出相应的调整。同时，针对同一个品牌在不同地区做广告策划时，需要灵活地调整其广告策略与创意表现。另外，随着新媒介平台的层出不穷，广告策划的内容需要灵活调整，以适应新的媒介平台来传播。

事实上，广告策划的系统性原则与灵活性原则不是相互对立的，而是紧密相连、互为补充、互相渗透和相辅相成的，因为系统性原则不是固定不变的公式，更不是僵化呆板的教条，系统性本身就显示了有机体的生命力。而灵活性原则就是强调广告运动所影响的消费者不是抽象的或固定不变的整体，还强调广告活动并不是脱离社会的政治、经济和文化环境孤立存在的，它与系统性原则是一致的、统一的。

（四）科学性原则与艺术性原则

科学性是广告策划的重要原则。广告策划的科学性主要体现在以下几个方面：①广告策划是建立在科学的市场调查基础之上的，需要借助各种科学的调查方法。没有科学的调查，便不可能有科学的广告策划。在大众媒介时代，广告调查主要使用社会学的一些方法，包括问卷调查法、深入访谈法、电话访问法等。②广告策划需要科学的广告战略策划，即广告战略策划是在对广告主自身及竞争情况进行全面、客观的分析之后，做出的科学的广告战略。③广告策划的顺利实施需要科学的媒介策划。没有合理、科学的媒介投放组合，广告策划的目标就无法顺利实现。④广告策划需要实施科学的效果评估。对广告效果进行评估有利于检验广告目标是否实现，同时也为广告策划的活动做一个科学的总结与分析。

广告策划除了坚持科学性，还需要坚持艺术性。广告创意是即便戴着枷锁也要轻舞飞扬，这个枷锁就是广告的商业效果，而富有艺术性的创意可以促使广告轻舞飞扬。广告创意的对象是每一个活生生的生命个体，他们都有自己的思想与灵魂，广告创意若要打动他们的心灵，必须有艺术的思维。广告创意若没有艺术性，便失去了灵性，广告就变得很枯燥，就无法吸引目标消费者的眼球。

总的来说，好的广告是科学性与艺术性的结晶，因而广告策划必须坚持科学性原则与艺术性原则。

第四节 广告策划书的撰写

一、广告策划书的内容

广告策划书的内容一般包括前言、市场分析、营销目标、广告战略（广告目标、广告定位、广告诉求对象和内容等战略问题）、广告策略（广告创意策略、表现策略、媒介策略）、广告效果测定与广告费用等。也可以将市场研究和消费者研究等板块单独提取出来，即广告策划的格式包括前言、市场研究及竞争状况、消费者研究、产品问题点、产品机会点、市场建议（广告目标、广告对象、广告定位）、广告主题策略、广告表现、媒体策略、预算分配和广告效果测定。

以下介绍广告策划书中的具体内容。

（一）封面

一份完整的广告策划文本应该有一个版面精美、要素齐全的封面，以给阅读者留下良好的第一印象。具体而言，它可提供如下信息：①广告策划文本全称。②广告主全称，最好使用企业名称标准字及LOGO。③策划机构名称及LOGO。④广告策划文本的完成日期。⑤广告策划文本的编号。

（二）广告策划小组名单

在广告策划文本中提供广告策划小组名单，可以让广告主感到广告策划运作的正规化程度，也可以表示一种对策划结果负责的态度。在名单中应包括成员的姓名、职责、所属部门和广告策划文本的执笔人。

（三）目录

目录实际上是广告策划书的简要提纲，应列举各部分的标题，必要时还应将各部分的联系以简明的图表体现出来，这样一方面可以使广告策划文本显得正式、规范，另一方面也可以使阅读者对广告策划文本的内容有个全貌的了解，容易把握策划的线索，并方便阅读。

（四）前言

前言可采取摘要的方式，以较短的篇幅（以不超过一页为宜）概述广告策划的背景、目的及意义、广告战略与广告策略的选择、使用的主要方法、策划文本的主要内容，尤其要点明产品或企业的处境或面临的问题要点，以及该策划案是如何解决这一问题点的，也就是在前言中要言简意赅地突出该策划案的核心亮点。

（五）市场分析

这部分应该包括广告策划的过程中所进行的市场分析的全部结果，以为后续的广告策略部分提供有说服力的依据，主要包括营销环境分析、消费者分析、产品分析、竞争对手分析等，同时要在分析的基础上做出准确的判断。市场分析建立在科学的市场研究、准确的资料收集和敏锐的洞察力的基础上。一般来说，市场分析不必面面俱到，要有重点，无论是进行消费者分析、竞争环境分析还是企业的优劣势分析，都要找到关键点。

（六）广告战略

广告战略是广告策划书最重要的一个部分，科学的广告战略是在精确的市场分析之后做出的。在广告战略部分，要结合品牌的营销目标与未来发展愿景，确定广告目标。在结合大数据的用户画像的基础上，深入分析消费者特点，包括消费者具体的年龄、性别、爱好、媒介使用习惯等，确定本次广告运动的传播对象。在分析产品特点与行业竞争对手的基础上，明确本产品与品牌的区隔化定位。在洞察消费者的基础上，确定广告的主题战略。在分析竞争态势的基础上，确立广告选择的战略：采取积极性的广告战略、集中性的广告战略还是防御性的广告战略。

（七）广告策略

广告策略与广告战略紧密相关，在有的时候也会把广告战略直接归入广告策略。不过总体上，广告战略比广告策略更宏观，它指导着广告策略。在广告战略部分，已经确定广告目标、广告对象、广告品牌的定位和广告传播的主题。广告策略部分要解决广告的实践与执行，因而广告策略部分包括广告诉求策略、广告表现策略、广告媒介策略等内容。广告策略是广告策划中非常关键的部分，提出的策略要科学，并且要有依据。

（八）广告计划

广告计划是广告策略的具体表现，是广告活动的一种规划。广告计划要具体，要有可行性。广告计划对整个广告活动具有强烈的指导性。广告计划的制订是在广告主同意广告公司代理之后进行的。具体内容包括广告目标、广告时间、广告的目标市场、广告的诉求对象、广告的诉求重点、广告表现、广告发布计划、其他活动计划、广告费用预算、广告活动的效果预测和监控等。

（九）附录

在广告策划文本的附录中，应该包括为广告策划而进行的市场调查的应用性文本和其他需要提供给广告主的资料，包括市场调查问卷、市场调查访谈提纲、市场调查报告、用户画像资料等内容。

二、广告策划书的撰写原则

（一）逻辑思维原则

广告策划的目的在于解决企业营销中的问题，所以必须按照逻辑思维的顺序，即按照“提出问题—分析问题—解决问题”的构思来撰写策划书，以给人一种循序渐进、清晰明了的感觉。因此，撰写策划书分为以下三步：

第一，设定情况，提出问题。按一般思维规律，先交代策划背景，然后由大到小，由宏观到微观，层层推进，再把策划书中心全盘托出。

第二，在突出中心主干的情况下，对细微枝干部分也要充分重视。主干部分是广告的大构想、重头戏，应重点展开；而枝干部分虽是配角，却是具体实施中的重要依据和手段，少了这部分枝干，广告策划的内容就不丰满。

第三，明确提出解决问题的对策，也就是帮企业想主意、出点子。这些对策要有事实支撑，并能使整个策划方案令人信服。

（二）形象化原则

策划书的文字只能给人理性的概念认识，如能适当地运用视觉化的手段加以配合，则会一目了然，使人加深对策划书的理解与记忆。策划书中常用的形象化方法有两种：一是可以把策划书中的部分内容做成流程图，如媒介传播计划、广告预算等；二是创意设计部分的形象化，如报刊广告、电视广告的设计，可配以图案，实际上是把创意形象化，使人容易理解。

（三）简洁朴实原则

广告策划书在撰写过程中应注意突出重点，抓住企业营销中所要解决的核心问题，深入分析，提出可行的相应对策，这样策划书就达到目的了。在撰写过程中既要防止用散文式文笔去描述策划书，避免造成浮躁或不实在的感觉，也不可长篇大论，言不及义，哗众取宠。总之，要以简洁朴实、具体实用、针对性强为原则，使策划书的主要内容一目了然。

（四）可操作原则

广告策划书是广告策划的产物，它是在现实基础上的一种超前性的构思。首先，广告策划书中所制订的方针，应符合市场变化的需要，以保证广告活动的有序和广告目标的准确；其次，广告策划书还要注意各子系统及各具体环节之间的联系与操作，它的指导性涉及广告活动中每个人的工作及各个环节的关系处理。而策划中的创意表现手法，则要考虑设备、人员、经费材料和制作手段等的限制，以求把蓝图变为一座壮观的大厦。

三、广告策划书的撰写技巧

广告策划书是正式的商业文本，它的撰写有既定的规范，当然也存在一定的技巧，通过技巧的使用，能够方便广告主及营销相关人员更好地理解与执行广告策划书。

（一）找准切入点，突出亮点

广告策划书的撰写过程中，需要找准切入点，抓住广告主最关心的中心问题、广告策划书要解决的焦点问题，浓缩构思、突出亮点。切勿将思考过程中的所有点子都纳入策划书中，以致目标过多而迷失方向，适当的舍弃是重要的策划技巧。

（二）具有灵活性，能够根据不同需要来设定策划书的风格

通用型广告策划难以满足不同行业、不同企业的特点和经营需求，因此策划者应该具有灵活性，针对不同的行业和企业制订与之相适应的广告策划书。同时，优秀的策划者一般都具有自身的个性和风格，也就是通过合适的方式将自身独特的思考方式和个性风格呈现出来。

（三）广告策划书应当尽量简明、通俗易懂

广告策划书是为了广告主或者营销人员理解和执行广告活动而撰写的，因此应当行文简明、通俗易懂，以最有利于阅读和理解的方式传达出所要表达的意思。深奥晦涩、模棱两可或者过于文学化的表达，都可能会增加策划理解和执行的成本。

（四）广告策划书要控制篇幅，避免冗长

广告策划书应该对中心问题、重要策略进行论证和阐述，同样的问题和概念不要重复多次，去掉多余的文字。要让广告主或者企业主等看了广告策划书的目录就能大致了解广告策划书的重点内容。真正能够提出问题、解决问题的策划书才是好的策划书，策划书并不是越长越好，相反，累赘繁复的策划书还会给人留下不专业的第一印象。所以，在撰写广告策划书时要控制篇幅，避免冗长。

（五）广告策划书应当用事实和数据说话

广告策划书中的内容和建议应该是在科学的调查研究结果基础上归纳得出的，因此对于策划书中的观点和建议，应当标注好资料来源和出处，用事实和数据说话，尽可能做到科学客观，以此增强策划书的可信度和说服力，同时也是尊重他人的版权。

（六）准备若干方案，未雨绸缪

首先，在策划审查阶段，针对广告主或企业主提出的种种意见，策划者可以提供不同的替代方案给广告主或企业主去选择；其次，在广告策划书阶段性执行效果呈现出来时，要能够及时对广告策划方案进行局部调整、修正。

第二章　广告调查与分析

第一节　广告调查概述

一、广告调查的概念

广告调查是指围绕广告活动所进行的一切调查活动，其目的是通过科学的方法获得信息，并对所获得的信息进行分析和整理，为开展科学的广告活动提供依据。

市场调查是指运用科学的方法，有目的地、有系统地搜集、记录、整理有关市场营销信息和资料，分析市场情况，了解市场的现状及其发展趋势，为市场预测和营销决策提供客观的、正确的资料。包括市场环境调查、市场状况调查、销售可能性调查，还可以对消费者及消费需求、企业产品、产品价格、影响销售的社会和自然因素、销售渠道等开展调查。目前，除传统方法外，专业机构还采用专业的在线调查系统，极大地降低了市场调查成本费用，并被越来越多的客户接受。广告调查是利用有关市场调查的方式和方法，对影响广告活动有关因素的状况及其发展进行调查研究的活动。

广告调查与市场调查既有区别又有联系。广告调查是市场调查的组成部分，是市场调查的典型化和纵深化。广告调查具备市场调查的一般特点，但又有自身特点。企业在实际操作时，要充分利用市场调查已获得的资料，吸收市场调查已取得的成果，在此基础上延续和深入开展广告调查作业。

二、广告调查的分类

广告调查的目的各不相同，但总体来说，大多数广告调查可以分为四类：广告战略调查、创意概念调查、广告事前测试和广告事后测试，如表 2–1 所示。

广告战略调查：用来帮助确定产品概念或帮助选择目标市场、广告信息或媒介载体。

创意概念调查：在概念阶段测定目标受众对不同创意思路的接受程度。

广告事前测试：用来在广告活动开展之前诊断可能出现的传播问题。

广告事后测试：帮助营销人员在广告发布后对广告活动进行评估。

表2-1　不同类别的广告调查

	广告战略调查	创意概念调查	广告事前测试	广告事后测试
时间	创意工作开展前	广告制作开展前	广告发布前	广告发布后
调查问题	产品概念 目标受众选择 媒介选择 广告信息选择	概念测试 名称测试 口号测试	平面测试 故事版事前测试 广播广告事前测试	广告效果 消费者态度变化 销售额增加
内容与方法	消费者态度与广告信息 情况调查 媒介调查	自由联想测试 访谈法 陈述比较测试	消费者评审小组 配套样品 组合测试 故事版测试 心理评级衡量	辅助回忆法 自由回忆法 态度测试 问询测试 营销测试

卖主在不同的广告活动阶段会采用不同的广告调查方法，在每一个阶段他们所运用的技巧也有很大差别，因此，我们先要对每一种调查进行简单的了解。

（一）广告战略调查

企业将创意组合的各个要素，包括产品概念、目标受众、传播媒介和广告信息混合在一起，制订出广告战略。为了获得有关这些不同要素的信息，企业可以运用广告战略调查。

1. 产品概念

广告主必须了解消费者如何看待自己的品牌，他们还希望了解是哪些因素导致了消费者的第一次购买，进而逐渐形成品牌忠诚度。通过这些信息，广告主力图为自己的品牌建立一个独特的产品概念，即哪一系列能给消费者带来效用性和象征性利益的价值。

这种信息能帮助广告主为品牌制订出有效的定位策略，经过一段时间以后，广告可以逐渐形成或修正品牌的定位和形象。事实上，这正是广告最重要的战略利益之一。但若想有效地利用媒介广告，就必须首先利用战略调查为创意人员制订出可遵循的蓝图。

广告对不同的产品种类甚至同一种类中的不同品牌的效果不会完全相同，也

就是说，每个品牌应该根据自己对特定消费者的需要、欲望和动机的了解来制订相应的创意规划。只有经过一段时间的正确培育，品牌资产才能建立起来。

2. 目标受众选择

创意组合的第二个要素是目标受众。没有哪个市场可以将所有人全部包容进去。因此，调查的主要目的是对某一品牌的目标市场与受众进行全面的了解。营销人员希望弄明白到底哪些顾客才是这种产品的主要用户，然后仔细研究他们的人口统计特征、地理特征、消费心态，以及购买行为。

任何新产品面临的最大困难，无一例外是预算问题，任何一家企业都不可能有足够的资金同时有效地覆盖所有地理定义或人口定义上的市场。因此，广告主便经常采用主导概念法，即调查哪些市场对产品销售最重要，然后集中精力瞄准最有可能获得广告优势的市场。

3. 媒介选择

为了制订媒介战略、选择媒介载体并评估其效果，广告主会进行媒介调查。媒介调查是广告调查的一个分支，广告公司通常向媒介调查公司购买调查资料，这些资料囊括了检测并发布广播、电视、报纸、杂志、网络等广告的到达率和效果评定。

4. 信息要素的选择

广告战略中最后一个要素就是信息要素。通过调查消费者对产品和品牌的喜好程度，企业希望找到大有前景的广告信息。例如，卡夫食品公司希望找到一些办法劝服家长从那些廉价品牌转化为消费中高端品牌。尽管他们的品牌在切片类奶酪产品中属于领导品牌，但公司仍然担心品牌没有跟上市场的整体增长。

（二）创意概念调查

企业一旦要制订广告战略，就开始为广告活动制订创意概念。在决定到底应该采用哪一个概念的时候，调查再次发挥作用。

例如，从全部调查结果中，卡夫公司的研究人员发现有两个广告概念能防止妈妈们受到竞争品牌的影响：第一，表现孩子们有多喜欢卡夫单片；第二，强调卡夫单片品牌含有孩子所需的钙。广告公司准备了两条实验性的电视广告，并就此举行了由妈妈们参与的小组访谈，希望得到妈妈们的反应。谈话在主持人的主持下进行，每个小组都观看广告，而他们对广告的反应则由玻璃后面广告公司和卡夫公司的工作人员加以观察、测量并记录。马上，答案就浮出了水面：孩子们喜欢卡夫公司的这一条广告，但概念上不是很容易理解，宣称卡夫公司产品含有钙成分的这条又不是很有说服力。妈妈们说：“它当然含钙了，它是牛奶做的奶酪嘛。”于是广告公司不得不尝试寻找新的方法来传播信息。

广告公司将接受测试的广告融合在一起，创作了一条新的广告：几个小孩正在大嚼蜂蜜烤奶酪三明治，画外音说，五个孩子中有两个钙摄入量不足。然后又做了几场消费者小组访谈来测试。这次，妈妈们都认为广告中孩子们狼吞虎咽三明治的场面传达了好味道的意思，但是五分之二的孩子缺钙的说法却让一些妈妈感到特别愧疚。

为了弱化这一信息，广告公司把旁白换成了女性，并引进了早期广告策略中曾用过的牛奶仙子的卡通形象，从而使整条广告的调性不再严肃。

（三）事前测试和事后测试

广告预算往往是企业营销预算中占比最大的一块，因此，广告主极其重视广告效果也就不足为奇了。广告主想知道自己花了钱都能得到什么，自己的广告是否奏效，而且他们希望在他们的广告启动之前得到一些保证。

1. 测试的目的

广告主利用测试来确保其广告资金得到合理使用，这是他们的一个主要手段，可以防止严重的失误，尤其是在判断哪种广告战略或媒介最有效的时候，还可以使广告主对广告活动的价值进行衡量。

为了提高设计出最有效广告信息的可能性，很多公司都采取了事前测试。有些广告公司在向客户提交广告之前，会对所有广告文案进行事前测试，看是否存在沟通上的空白点或信息内容上的缺陷。如果不对广告进行事前测试，广告主就可能遭遇来自市场的意外反响。曾有公司没有进行事前测试，结果在广告推出后恶评如潮的先例。不过，大部分的不利反应都比较含蓄，消费者只是跳过广告页面或直接关闭，但销售却会受到隐性的不良影响。因此，在广告发布之后也必须对广告效果进行测试。事后测试也称为广告追踪，可以为广告主未来的广告活动提供有用的指导。

2. 测试的意义

测试有助于广告主制订重要决策。广告主运用事后测试帮助自己决定一系列变量，为了方便起见，我们可以把这些变量记为“5M”，即产品（merchandise）、市场（market）、动机（motive）、信息（message）和媒介（media），其中许多变量在事后测试中也可以测量。不过，事后测试的目的是评估而不是诊断。

（1）产品。企业可以在事前测试一系列因素，如包装设计、广告如何给品牌定位或广告传播产品特点的效果。一些调查人员采用一种名为“利益测试”的方法。他们向一组参加小组访谈的受试者展示产品的 10 ～ 12 个利益，期待从中发现这组人认为最有说服力、最令人信服的产品利益。

（2）市场。广告主可以通过事前测试广告战略或某一特定广告在代表不同市场的受众人群中的反应获得信息，以指导他们修正自己的战略，将广告瞄准另一个市场。广告主希望通过事后测试了解自己的广告活动是否成功到达了自己的目标市场。知名度的扩大和市场份额的变化是其中的两项重要指标。

（3）动机。广告主无法控制消费者的动机，但却可以控制针对这些动机的广告信息。事前测试有助于广告主找到最能针对消费者需要和动机的好方法，事后测试可以评价效果如何。

（4）信息。事前测试有助于判断广告是优秀还是平庸，有助于站在客户的角度判断信息说了些什么，说得如何。广告主可以借此测试广告标题、正文、插图、字体或信息设计思路。最重要的是，事前测试可以为改进广告提供指导。

不过，事前测试也不是万灵丹，了解广告是否真正有效的唯一办法是通过不断的跟踪检测或事后测试。通过事后测试，广告主能够判断出人们看见、记住和信任广告信息的程度。消费者的态度变化、感觉变化和对品牌兴趣的变化、消费者对广告语的记忆或对广告主的识别均标志着广告的成功。

（5）媒介。媒介广告的价格一直都在持续上升，新媒体广告也没有标准化的计量方式去评估价值，因此，如今的广告主更有必要做到有的放矢。事前测试得到的信息会影响到媒介决策的以下几个方面：媒介种类、媒介细分、具体媒介载体、媒介版面与时间单位、媒介预算，以及排期标准。

媒介种类是指对媒介进行的较宽泛的划分，如印刷、电波、数字、直邮、户外等。通常在同一大类下，如杂志、电视、网络等，又可分为几个媒介细分。具体的媒介载体是指具体的某一个节目或刊物。媒介单位是指一条广告的长度或大小，如半版、整版、15 秒、30 秒或 60 秒等。

表2-2　媒介种类

媒介种类	印刷	电波	数字	直邮	户外
媒介细分	报纸 杂志	电台 电视	公众号 H5	型录 手册	户外 交通工具
媒介载体	《南方周末》 《男人装》	音乐之声 央视	淘宝 易企秀	宜家产品手册	路牌 巴士座椅
媒介单位	半版 整版	30 秒 60 秒	条幅广告 网页、小游戏	16 页 信纸大小	30 幅海报 车内广告牌

广告发布后，事后测试可以判定媒介组合是否有效地到达了目标受众、传递了预期的信息。媒介排期也是一直困扰许多广告主的一个问题。通过事前测试，广告主可以测试消费者在不同季节、不同日子对某一产品广告的反应，还可以测

试经常性广告是否比偶然性或一次性广告更有效，测试全年性广告是否比购买季节的集中性广告更有效。

最后，广告主还希望判定广告的总体效果，评估广告对其目标的完成情况。而事后测试最有助于明确是否应该继续发布广告、如何继续、有无更改的需要，以及未来的广告投入。

三、广告调查的特点

广告调查是广告策划的重要组成部分，只有通过广告调查，广告策划才能确立正确的广告目标，制订科学的广告策划，广告活动才能达到预期目的。它既有市场调查的一般属性，又有其自身的特点。

（一）系统性

广告调查在指导思想上坚持从系统的观点出发，把影响广告策划的各种因素视为一个有机的系统，注重研究各种因素之间的内在联系，从因素的联系、制约和相互作用中把握市场需求的变化趋势及运动规律。同时，广告调查把对某种产品或某个局部市场的需求调查作为子系统，将其与市场的总体调查按照一定层次联系起来，形成一个完整有序的广告调查系统。

（二）目的性

广告调查不能漫无目的，因为这样必然造成调查的某些结果与广告策划的实际需要不相符合，甚至相去甚远，从而造成财力与人力的浪费，也给分析研究人员带来不必要的麻烦，更给企业的广告活动带来巨大的损失，因此，广告调查必须具有明确的目的。这也是由产品自身的特点和广告活动的特点决定的。比如，对新产品的广告调查和对老产品的广告调查就有所不同。前者更具风险性和挑战性，一个优质广告可能会使新产品迅速占领市场，而一个劣质广告可能会葬送新产品。对于后者，则要求有目标地找出产品的优势和劣势，扬长避短，保持并提高其市场占有率。

（三）科学性

广告调查对市场状况进行分析和判断，不能凭借个人经验或主观猜测，而是要采用现代科学技术手段，经过一系列严密的程序，在科学分析论证的基础上得出结论。广告调查借助的方法包括运用抽样调查法、观察法、实验法和态度测量表法等现代调查技术进行市场调查；运用电子计算机分析、整理市场信息资料，

建立反映市场需求结构及其变动的调查模型；运用整理统计方法对调查结果进行误差分析等。其中，每项程序或环节都应建立在科学、严密、准确无误的基础上。

（四）经济性

广告调查是企业市场调查的一个组成部分，它和企业的其他经济活动一样，要考虑经济效益，即尽可能用最少的费用来完成预期的广告调查目标。因此，在进行广告调查时，一般应考虑以下问题。

1. 如何利用现有资料

广告策划经理资料库的现有资料及图书馆、研究机构、政府统计部门、企业等地方的现有资料，特别是互联网上的相关资料，都是广告调查时应重点收集的。若善于利用这些资料，便能节省大量调查费用。

2. 如何进行实地调查

广告策划经理应确定实地调查的资料数量，根据费用效果比，决定是自行组织调查还是委托专门的调查公司调查。一般来说，能够自行调查的部分尽量自行解决为好。

四、广告调查的作用

广告是一种耗资巨大、功利性极强的商业行为。在现代社会，广告已不再是一种单纯的推销行为，而是企业实施整体市场营销计划的重要环节。因此，广告策划要建立在广泛、深入的广告调查基础之上。广告调查要为广告策划的产品定位、广告策略、广告媒体的选择，以及最佳广告诉求点的确定提供真实可信的信息资料。广告调查具有以下几个方面的作用。

（一）为广告策划提供所需资料

广告策划是对广告活动的全局性规划和安排，但广告策划绝不能凭空臆造，随意进行，而必须依据特定的市场状况、消费心理和产品特点等来作出科学的安排。广告调查可以通过对广告市场、消费市场等各种相关信息资料的大量收集，为广告策划提供决策依据。

（二）为广告创意和设计提供依据

广告活动是一种创作性很强的活动，但广告创作不同于一般的艺术创作，它不可以随意渗入创作者自己的主观意志和爱好，不可以凭借自己的美感随心所欲地发挥。广告创作的目的性、功能性很强，其构思和设计必须围绕着广告主的商业目的的实现而展开。因此，广告创意和设计必须建立在对产品、消费者和市场状况深入了解即广告调查活动的基础上。

（三）为制订广告策略提供导向

广告策略的制订要求方法得当，行之有效。要做到这一点，就必须使制订的策略切合市场的实际，例如，要符合目标顾客的心理需要，要具备与对手竞争的能力等。这就要求广告决策人员必须熟悉市场状况，做到有的放矢、目标明确。广告调查正是广告策略的制订者了解市场信息、熟悉市场环境的基本途径，它能为广告策略的制订提供基本导向，使广告策略与市场实际紧密相连，从而发挥出广告策略的巨大威力。

第二节　广告调查的内容与方法

一、广告调查的内容

广告活动是通过广告媒体向目标市场宣传产品，引起消费者兴趣，促使消费者购买，最终使企业在市场竞争中取胜的过程。因此，为制作有效广告所进行的广告调查应包括以下方面内容。

（一）广告环境

广告环境就是与广告宣传有一定联系，对广告宣传有一定制约作用的各种条件。一般而言，广告环境主要包括地理环境和人文环境。

1. 地理环境调查

广告的地理环境主要是指广告传播地区的自然环境，特别是广告的目标市场所处的地理位置、交通状况、生态特征、气候特点等。不同地理位置的消费群体往往有不同的消费需求及习惯，对广告媒体的选择、商品的类型和商品的需求总量等都有制约。例如，我国南、北方地区由于气候条件不同，对空调、冰箱等产品的需求差异很大。因此，广告活动要适应地理环境的特点，采取不同的广告方式，以取得最佳的广告效果。

2. 人文环境调查

人文环境包括的范围极广，并且对广告活动的具体开展具有很强的制约作用，具体内容如下。

（1）政治法律环境调查。主要包括国家政策法规，地方政府政策法规，具有政策性、法律性的条例，重大政治活动，政府机构情况等。对政治法律环境的分析、了解和掌握，对企业的市场营销和广告策划都十分有益。

（2）经济环境调查。包括世界经济环境、国内经济环境、行业经济环境等内容。企业的市场营销和广告活动都是在一定的经济环境下进行的，而经济全球化的趋势正加快发展，各国间的经济影响也越来越大，因此，掌握国内、国外的经济发展趋势对广告人员十分重要。

（3）社会文化环境调查。主要包括人口状况、家庭结构、民俗风情、文化特点、生活方式、流行时尚、民间节日和宗教信仰等内容。

（二）广告主体

广告主体是指企业及其产品。在对企业及产品有了充分认识的基础上，创作出的广告才能准确地宣传企业形象，传递产品信息，受到消费者的喜爱，激发消费者的购买欲望。

1. 企业调查

为制作广告而进行的企业调查，应该侧重在企业的历史发展、综合实力、同行业地位及企业形象等方面。因为这对宣传企业形象，准确把握企业特色，提高广告说服力和渗透率，具有极其重要的作用。

2. 产品调查

产品调查的主要内容有以下几个方面。

（1）产品自身调查。包括对产品的类别、规格、性能、色彩、风格、技术、指标，产品的适应性，同类产品的替代性，相关产品的互补性，产品的生命周期等的调查。

（2）产品包装调查。在产品的包装物上，大都印有商标、商品性能、用途、保存及使用方法和其他具有广告性质的图像和文字。产品包装本身就是一种广告形式，对此也应进行调查。

（3）产品销售状况调查。包括对产品的日销售额、月销售额、年销售额、不同地区的销售额、同一地区不同销售单位的销售额及其变化规律，以及地域、社会、人文、政治等因素对产品销售量的影响状况等的调查。

（4）产品销售过程中的市场表现及获奖情况调查。包括对产品的国内外获奖情况、认证情况、市场表现、影响媒体的报道及消费者的评价等的调查。

（三）目标市场调查

广告目标市场调查包含在市场细分的过程中，通过市场细分使目标市场的消费者情况一目了然，从而有助于广告策划经理在创作时把握不同消费市场的特点，准确地把广告焦点对准广告目标，使广告制作有的放矢。

细分目标市场所依据的参数比较多，如人口参数、地理参数、心理参数等。它们对广告目标市场的影响是不同的，因此也规定了广告目标市场的调查内容。

1. 按人口参数细分市场

按人口参数，如按年龄、性别、家庭规模、家庭生命周期、收入、职业、教育程度、宗教、种族、国籍等为基础细分市场。消费者需求、偏好与人口统计变量有着很密切的关系。比如，只有收入水平很高的消费者才可能成为高档服装、名贵化妆品、高级珠宝等商品的经常买主。人口参数的有关数据相对容易获取，所以在进行目标市场调查时，应将该参数作为调查的重要依据。

2. 按地理参数细分

按照目标顾客所处的地理位置来细分市场。比如，根据国家、地区、城市规模、气候、人口密度、地形地貌等方面的差异，将整体目标市场划分为不同的小市场。针对消费者的不同需求与偏好，采取不同的广告策略，制作出不同的广告。

3. 按心理参数细分市场

根据广告目标顾客所处的社会阶层、生活方式、个性特点等心理因素细分市场，也是广告目标市场调查的一个重要内容。

（四）市场竞争调查

广告调查中，对市场竞争和竞争对手的调查，主要从以下几方面考虑。

1. 同类企业或产品的市场竞争状况

对同类企业即竞争对手的调查，首先要查明竞争对手的数目，然后分别调查其市场状况。比较各个竞争对手的产品特点，从中找出自己产品的优点和不足，并以此制订应对策略。

2. 竞争对手媒体监测

通过大众媒体和其他广告媒体的监测，了解竞争对手的广告投入费用、广告代理商、广告媒体、广告表现形式及广告效果等。研究分析竞争对手在广告宣传策略、广告内容创作和广告媒体选择上的成功经验或失败教训，从而不断改进和修正自己的广告策略和表达方式。这样既可以在广告创作中避免作品的雷同，又可以在他人的基础上创作出独具匠心的广告。

（五）广告效果调查

广告效果调查是在广告制作、发布过程中，为了检测广告效果、评价广告作用而进行的调查。

广告效果调查的内容主要有对广告经济效果的调查、对广告心理效果的调查，以及对广告社会效果的调查。具体来说，就是在广告制作、发布的不同阶段，对广告创意及其表达效果的调查，对媒体、媒体选择的调查，对目标顾客接受广告的态度及对广告评价的调查，对社会各界接纳企业形象效果的调查，对广告为企业带来的实际经济效果的调查等。

（六）广告媒体调查

广告媒体调查是指对各种广告传播媒体的特征、效能、经营状况、覆盖面、收费标准等进行的调查。进行媒体调查后，可以根据广告的目的，运用适当的广告媒体，取得更好的广告效果。

1. 报刊广告媒体调查

（1）媒体性质。报纸是日报还是晚报，是机关报还是行业报，是专业报纸还是知识性、趣味性报纸等；杂志是专业类杂志还是大众类杂志，是月刊还是季刊、年刊等。

（2）媒体发行量。发行量越大覆盖面越广，千人广告费用就越低。在调查报刊媒体发行量的同时，还要调查在发行范围内各地区的比例，以便了解报刊在各地区的接触效果。

（3）读者层次。从年龄、性别、职业、收入等方面调查报刊读者的构成情况及其阅读时间、种类等。

2. 广播电视广告媒体调查

（1）传播范围。调查广播电台和电视台节目的覆盖范围。

（2）节目编排和构成。调查媒体广播电视节目的组成，了解有特色、质量高的节目，以确定广告投放时段。

（3）视听率。调查各个广播电台、电视台节目的收听率、收视率，确定广告受众收听、收看广播、电视节目的时段及对广告节目的关注程度等。

3. 其他广告媒体调查

其他广告媒体调查，如对网络、户外、交通、直邮、POP（point of purchase 的缩写，意思是售点）等广告媒体的调查，主要调查它们的功能特点、影响范围、广告费用、接触率等。

二、广告调查的方法

（一）文献调查法

文献调查法与实地市场调研（收原始资料的方法）是相辅相成、相互依存、相互补充的。文献调查是对已有的资料进行收集整理，因此可以在短时间内获得大量的信息材料。另外，因为资料已经形成了成型的文档，整理起来也相对容易。这种方法很大程度上节省了人力、物力、财力的支出，成本相对较低。但文献调查也有其问题：首先，二手资料在时间上存在一定的滞后性，当时的调研、访问报告等结果对当前情况的参考价值有限；其次，由于是按照原来的调查目的进行搜集整理，二手资料不一定能够充分满足此次调研的实际需要。

1. 企业内部资料

企业内部资料包括企业的业务资料、统计资料、财务资料，以及积累的其他资料，如平时的剪报、调研报告、顾客意见和建议、同业卷宗及有关照片和录像等等。

2. 企业外部资料

企业外部资料的收集包括以下几种渠道。

（1）外部机构调查资料。

①国家统计局以及各级、各类政府主管部门公布的有关资料。国家统计局和各地方统计局都会定期发布统计公报，定期出版各类统计年鉴，内容包括人口数量、国民收入、居民购买力水平等，这些均是很有权威和价值的信息。此外，财政、工商、税务、银行等各主管部门和职能部门也都设有各种调查机构，会定期或不定期地公布有关政策、法规、价格和市场供求等信息。此类信息综合性强、辐射面广。

②各种经济信息中心、专业信息咨询机构、各行业协会和联合会提供的信息和有关行业情报。这些机构的信息系统资料齐全，信息灵敏度高，为了满足各类用户的需要，它们通常还提供资料的代购、咨询、检索和定向服务，是获取资料的重要来源。

③有关生产和经营机构提供的商品目录、广告说明书、专利资料及商品价目表等。

④各地电台、电视台提供的有关信息。近年来全国各地的电台和电视台为适应形势发展的需要，都相继开设了各种专题节目。

⑤各种国际组织、学会团体、外国使馆、商会所提供的国际信息。

（2）国内外有关的书籍、报纸、杂志、网络等资料，这些文献内容会涵盖各种统计资料、广告资料、市场行情和各种预测资料等。

（3）国内外各种博览会、展销会、交易会、订货会等促销会议以及专业性、学术性经验交流会议上所发放的文件和材料。

3. 文献调查具体步骤

首先，应当确定市场调查的目的以及必要的调查内容，拟订调查计划并进行相关的人员培训；其次，查明可利用的资料档案内容及其来源，展开资料收集工作；再次，依据调研的目的对资料进行过滤与筛选，评估资料的实用性并作必要的摘要；最后，对资料进行整理、分析，做到融会贯通，并制作调查报告。

（二）实地市场调研

实地市场调研是相对于文献调查而言的，指在周详严密的架构之下，由调查人员直接向被访问者搜集第一手资料的方法。 在一些情况下，文献调查无法满足调研目的，资料不够“鲜活”“精准”，这时就需要进行实地市场调研来获得第一手资料。

实地市场调研最常用的方法有三种：观察法、访问法和实验法。此外，还有统计法、全面调查、个案调查、抽样调查等方法。在进行实地市场调研时，在道德层面上，要有保密意识，注意对参与者提供的信息保密，特别是参与者的一些个人信息，如电话、邮箱等，切不可售卖被访者的个人信息以谋取利益；在实际操作层面上，要明确调查目的，界定清晰所要调查的问题，注意调查程序的合理性、调研结果的实效性，不能把调研工作仅仅看成设计问卷、选定样本、进行访谈、得出结果，最终却无法提出具有建设性的意见，导致广告调查并没有真正发挥其应有的作用。

1. 观察法

观察法是调查者到现场，对正在发生的市场行为或状况进行直接或间接地观察和记录，以获取相关信息的一种方法。这种方法不需要向被调查者直接提问，而是在被调查者不知情的情况下，调查者凭借自己的直觉，对消费行为、现场状况进行观察、旁听，并采取一定的方式，如利用摄像器材进行记录。观察法包括直接观察法、间接观察法和比较观察法。

一方面，观察法的优点是提供了真实客观的消费行为记录，但它只能反映事实发生的经过，其发生的动机和原因则要依赖调查者的细致观察与深入分析。另一方面，观察法需要大量观察员到现场进行长时间观察，调查时间较长，调查费用支出较大。因此，这种方法在实施时，常会受到时间、空间和经费的限制，比较适用于小范围的微型市场调查。

2. 访问法

访问法是将拟调查的问题，以当面、电话、邮件、书面等形式向被调查者提出，进行询问，以获得所需资料的调查方法。

（1）面谈访问。面谈访问是调查者与被调查者面对面接触，通过有目的的谈话获取所需资料的调查方法。面对面的交谈可以使对话题的探讨更加深入透彻，同时访问具有非常强的直接性和灵活性，所获得的一手材料也相对更加精准。但这种方法需要消耗更多的人力、物力，且对调查者的个人组织能力、沟通交流能力有更高要求，总体来看适宜小范围的、相对烦琐和复杂的产品测试。

（2）电话访问。电话访问是通过电话向被调查者询问相关问题以获得资料的一种调查方法。电话访问相对于面谈访问更加方便快捷，也更容易实施。电话这种“不当面”的方式，使受访者的心理负担相对较小，但是访问被拒绝的可能性也相对较大，因为被访问者只需要挂断电话，访问就会被迫中断。另外，对部分受访者来说，接到电话访问会有被打扰和电话号码被泄露的感觉，因此会有一定的抵触情绪，这就要求调查工作人员要礼貌并对情况进行说明。

（3）留置问卷访问。调查者将问卷当面交给被访问者，并提前说明调查的目的和要求，受访者自行填写调查问卷，调查者在约定的时间再将问卷进行回收。这种方式调查问卷的回收率相对较高，且受访者有充分的时间在仔细思考后填写调查问卷，问卷反映情况的真实度也更高。

3. 实验法

实验法是在设置好的实验场所、状况下，对所研究对象从一个或多个因素上进行控制，以测定这些因素间的关系的方法。其目的是查明原因和结果的关系。实验调查法是在一种真实的或模拟真实环境下的具体的方法，调查结果具有较强的客观性和实用性，当然，前提是严格控制实验条件，选择具有代表性的实验对象，得到科学可靠的实验结果。

实验法可以主动进行试验，并较为准确地观察和分析某些现象之间的因果关系及其相互影响，也可以探索在特定的环境中不明确的市场关系或行动方案。实验结果具有较强的说服力，可以帮助决定行动的取舍。但市场中的可变因素难以掌握，实验结果不宜相互比较。

4. 统计法

统计法是利用统计理论对现有统计资料进行分析，以了解市场及销售变化情况。统计法更多的是一种理性的、客观的、数学的调查方法。统计法一般有趋势分析和相关分析两种。

（1）趋势分析。趋势分析是将过去不同时期中同类指标的数据、资料加以累积，得出其变化趋势和变化规律，再把这个方向加以合理延伸，推测未来的发展方向。

（2）相关分析。相关关系是一种非确定性的关系，而相关分析主要研究不同变量之间是否存在某种依存关系，以及如果存在相关关系，不同变量之间的相关方向和相关程度。

5. 全面调查

全面调查又称普查，是对调查对象的全体进行系统的、全面的、无一遗漏的逐个调查。但这种方法并不是十分适合当前多元化、多层次的经济环境，主要用于收集那些不能或不宜通过其他调查方法取得的比较全面而精准的统计资料。

6. 个案调查

个案调查是在全体调查对象的范围内选取个别或者少数对象进行调查。个案调查具有较高的灵活性，同时，由于调查对象较少，个案调查可以对调查对象进行全面、深入、系统的调查研究，既可以探索调查对象的历史发展，也可以追踪其将来的变化轨迹。个案调查的局限性在于，其调查对象不一定是典型的，缺乏代表性，不一定能反映“共性”和“一般”。另外，个案调查对调查人员的专业知识、素养等要求都更高，要求调查人员能横向、纵向全面分析个案，得出一般规律。

个案调查通常有重点调查和典型调查两种方式。

（1）重点调查。重点调查是在全部调查对象中选取一部分重点对象进行调查，以获得统计数据。所谓“重点”，或者在整体中处于十分重要的地位，或者体量占据总体的绝大部分比重。采用这种调查方式，能够以较低的人力、物力和时间成本，较快地掌握调查对象的基本情况。

（2）典型调查。典型调查是在对调查对象进行初步的筛选与分析后，有意识地选择一些具有代表性的典型单位进行深入细致的调查研究。典型调查的调查对象较少，成本较低，运用灵活。调研过程中需要注意典型案例的选取，要真正具有代表性，不能以偏概全。

7. 抽样调查

抽样调查是从全部调查研究对象中选取一部分单位进行调查，并据此对全部调查对象进行估计和推断。抽样调查虽然也是非全面调查，但是通过科学的抽样，依然能够从调查结果得到反映总体情况的信息资料，进而推断出整体的特征与性质。抽样调查方法适用面广、准确性高、实效性强，是一种普遍使用的调查方法。根据选取样本的方法，抽样调查可以分为随机抽样与非随机抽样。

（1）随机抽样。按照随机的原则抽取样本，即调查对象总体中每个单位都有同等被抽中的概率，是按照机会均等的原则进行的抽样调查。随机的原则可以使样本中调查对象的分布情况有较大可能性接近总体的分布状况，因而使样本能够较好地代表总体。随机抽样可分为简单随机抽样、分层随机抽样、系统抽样以及整群抽样。

①简单随机抽样是在总体单位中任意抽取一个或多个单位作为样本，样本的每个单位完全独立，每个单位被抽中的概率相等。简单随机抽样是最基本的抽样方法，在选择样本时不带有任何目的或要求。在调查中经常采用的方法是抽签法和随机数表法。

②分层随机抽样是在抽样前先将总体单位依据某些特征或性质分成若干层，再采用简单随机抽样的方法，在各层中抽取样本。这一方法适用于总体单位内部差异较大、分层明显的调查对象，能够尽量减小抽样误差。

③系统抽样时，首先将总体中各单位按一定顺序排列，根据样本容量要求确定抽选间隔，然后随机确定起点，按照等间隔抽取样本。这一方法抽出的样本单位在总体中是均匀分布的，且抽取样本一般少于纯随机抽样。

④整群抽样时，首先将总体中各单位归并成若干个互不交叉、互不重复的集合，称之为群，然后以群为单位抽取样本。

（2）非随机抽样。抽样不遵循随机原则，而是按照调查人员的主观选择或其他条件来抽取样本。这种调查方法简单方便，适用于进行探索性研究，但无法根据样本对象得出的结论来推断整体的特征。非随机抽样包括方便抽样、判断抽样、定额抽样和固定样本连续抽样。

①方便抽样是根据调查者的方便，随意抽选调查单位的一种抽样方法。

②判断抽样又称立意抽样，是调查者根据自己的主观判断，从总体中选出那些最能代表总体的单位作为样本。当调查者对自己的研究领域十分熟悉、对研究总体也比较了解时采用这种抽样方法，可获得代表性较高的样本。

③定额抽样也称配额抽样，是将总体依某种标准分层或群，按照各层或群样本数与该层或群总体数成比例的原则分配样本数额，然后抽取样本。定额抽样与分层随机抽样很接近，最大的不同是分层随机抽样的各层样本是随机抽取的，而定额抽样的各层样本是非随机的，是在额度内由调查者主观选择的。

④固定样本连续抽样是把选取的调查对象作为固定样本，对其进行长期的连续调查。

（三）大数据广告调查方法

1. 大数据的特点及作用

在今天，大数据对人们来说已经不是一个陌生的概念，正相反，这是一个言必称大数据的时代。早在20世纪80年代，阿尔文·托夫勒在《第三次浪潮》中便提出大数据的概念，并将大数据称为“第三次浪潮的华彩乐章”。国外研究大数据的先河之作《大数据时代：生活、工作与思维的大变革》，阐述了大数据时代的三

点变革："非随机样本，而是全样本""忽略精确性，关注混杂性""淡化因果关系，关注相关关系"。而在业界，大数据"4V"特征得到了广泛的认可。第一，数量（volume），即数据巨大，从TB（太字节）级别跃升到PB（拍字节）级别；第二，多样性（variety），即数据的类型与来源繁多，不仅包括传统的格式化数据，还包括来自互联网的网络日志、视频、图片、地理位置信息等；第三，速度（velocity），即处理速度快；第四，价值（value），即商业价值高，但价值密度低。除了主流的"4V"观点，也有人用"3S"描述大数据的特征，即大小（size）、速度（speed）和结构（structure）。综合上述观点可以发现，大数据首先是体量巨大的数据，这些数据在零散状态下利用价值有限，但当它们经过挖掘与整合，形成数据链条时，就会发挥出巨大的价值。它可以展示每一个用户的完整消费过程以及潜在的消费需求。沃顿商学院营销学教授芭芭拉·E.卡恩（Barbara E. Kahn）表示，大数据可以帮助市场调研者更好地检测和发现消费者的消费行为和原因。她指出，最终的目标是要利用大数据跟踪消费者的整个消费轨迹——从最初的消费冲动、权衡阶段，到最终的购买阶段，再通过市场调查发现消费者之所以没有购买的原因、是在哪个环节出现了问题，而营销人员又可以如何解决。大数据带给我们的是更好的"消费者洞察"，并对消费者进行"画像"。大数据的量化研究，配合调查人员对被调查者行为和心理的深度分析，能够更好地聚焦每个个体，描绘出用户的消费路径，并找出影响每一类用户路径的关键原因，从而"对症下药"，将潜在消费者转化为真正的消费者。在利用大数据洞察消费者需求方面，沃尔玛一直在积极布局。沃尔玛打造了全渠道零售战略大数据系统的"社会基因组"——通过收集每个顾客的网店、门店、社交网络等信息，拼接出用户的消费行为。例如，沃尔玛曾经通过大数据云计算，发现两家电子产品连锁店顾客的购买意向正在从中低档产品向高档产品变化，于是沃尔玛及时调整不同种类商品的库存，创造客户需求，销售业绩因而提升了40%。"用户画像"是伴随着互联网和电子商务的快速发展产生的一个概念。消费者在网上的浏览、点击、留言、评论等碎片化的行为轨迹，或直接或间接地反映了消费者的性格、习惯、态度等信息，是制订广告策略的重要依据。而这些碎片化、立体性、整理存储在数据库中的数据，能被企业用来完整地重构消费者的需求。大数据通过为用户精准"画像"，更为精准地感知用户在消费过程中的复杂行动、情感表达和行为倾向，根据用户行为偏好改变沟通策略与营销策略。

2. 大数据对广告调查的影响

从学科的角度看，大数据承袭了更多统计学的特质。大数据通过对数量巨大的数据做统计性的搜索、比较、聚类、分类等分析，找到数据之间的关联，因而更关注数据的相关性（亦称关联性），这种关联可能是简单的正向相关，可能会通过进一步的研究认定是因果关系，甚至可能通过相关性发现甚至之前都不存在的新关系。因此，相比于传统广告调查强调的因果关系逻辑，大数据广告调查强调的是一种相关性。企业在运用大数据时，不再是按照“从数据到信息再到知识和智慧”的传统研究思路，而是试图寻求“从数据直接到价值”的捷径。大数据对广告调查的影响具体体现在以下几个方面。

（1）去除抽样环节，对全样本进行分析。在传统的广告调查中，由于时间、成本等种种限制，很难对整体进行直接测量，而经常采用科学的抽样来推测整体。基于大数据的广告调查使得直接调查母本成为可能，调查对象多样、完整、客观。除了对整体的把握外，大数据也使得研究每一个独立个体成为可能，并据此对每个用户进行最具针对性的营销和广告。

（2）价值中立，不介入调查对象。基于大数据的调研基本不介入调研对象的行为，而是以观察者的视角呈现结果。作为消费者，我们的行为在大数据的网络中无处藏置，电脑上 Cookie（存储在用户本地终端上的数据）会精确地记录你在何时何地浏览过何种商品，手机上 LBS（基于位置服务）可以实时定位，大数据真实客观地记录着我们的行为。但值得注意的是，这种客观性是一种理想状态，即使大数据模式中的筛选环节包含了数据清洗、不完全数据填补、数据纠偏和矫正，也无法完全保证样本中不存在假数据、脏数据或重复数据。

（3）与社会化媒体、搜索引擎等联合使用。大数据真正火爆起来是在移动互联网时代，它的发展离不开智能终端、社会化媒体、搜索引擎等互联网应用的发展，也正是在它们的配合之下，大数据才能最大限度地发挥价值。场景化营销、搜索引擎广告、原生广告等新的广告形态，都是这些技术交互融合的结果。

（4）数据分析可视化呈现。相较市场调查模式的传统实证分析方法论，大数据模式下的数据分析有其独到的思维，它更关注个体标签与用户“画像”，并重视对未来发展做出预测与期望。在技术发展的今天，大数据分析结果的呈现方式更加多样，注重可视化。大数据的结论不再过多关注原因分析与建议，而是对基于个体特征的群体进行标签化的描述。

3. 大数据广告调查的实际应用

在大数据背景下，“精准”是广告投放的重要诉求，也正是移动互联网和大数据技术的发展，使得“精准”广告投放成为可能。调查方可以以数据为依托，帮助广告主选定特定人群作为目标消费者，实现广告内容、投放媒介与目标消费者的精准匹配。当前，在前期的调研环节，最经常获取并加以利用的用户信息主要有三类：用户属性信息、用户行为信息，以及基于动态行为的用户意向预估信息。

（1）用户属性信息。用户属性信息包括用户个人基本信息和相关材料、IP、日志、Cookie 等。很多社交平台、应用类客户端都需要用户进行账号注册和登录，在进行注册时，个人的基本情况（如性别、年龄、地区、社交关系甚至是个人兴

趣和偏好等）、电话号码、电子邮箱都能够被掌握。微信朋友圈广告就是一种基于用户信息的广告投放。

（2）用户行为信息。用户行为信息即用户在浏览网站或使用客户端时的一系列行为，包括搜索行为，定位地理位置，把商品加入兴趣列表、加入购物车、移出购物车、购买、参与优惠活动，评价，在社会化媒体上参与讨论，与好友互动、分享等一系列行为。

在电商领域，对用户行为信息的应用尤为典型。以某逊为例，用户在使用网站的过程中，很多行为都会被记录，根据这些"痕迹"，网站不断勾画出每个用户的特征轮廓和需求。例如，根据用户在网页上搜索、购买的商品，来进行相关推荐，告知用户"购买此书的人还购买了 ×××"的信息。同时，它还会挖掘影响用户购买行为的因素，并根据用户特征制订精准的营销策略。

（3）基于动态行为的用户意向预估信息。在信息爆炸、选择多元的今天，消费者的选择越来越难以预测，这就要求调研人员不仅要在前期搜集消费者的显性数据，更要通过消费者的已有行为来推测其潜在需求。

根据用户的一些行为，预测用户的选择，通过数据来做出"一定会受欢迎"的作品，这既是大数据带来的福音，也是对调查人员通过数据挖掘内在的能力的极大考验。随着技术的发展，调查者获取数据的种类和来源将越来越多样。比如，跟踪人们的眼球在电脑屏幕上的运动轨迹，利用眼动仪来发现人们最先关注哪些区域、在哪一区域停留的时间最长；或在人们逛商场时，通过手机来跟踪他们的购物模式等，这些数据会帮助广告主更细致透彻地了解消费者，精准地进行广告和营销活动。事实上，大数据与市场调查的整合不仅在实践中发挥了巨大作用，也在理论研究上开启了新的篇章。2008 年，雅虎研究院资深研究员安德烈·布罗德首次提出了计算广告学的概念，他认为计算广告学是一门由信息科学、统计学、计算机科学以及微观经济学等学科交叉融合的新兴分支学科。作为一门新兴学科，计算广告学在继承传统广告学核心理论的同时，为了应对科学技术发展带来的新问题和新观念，将计算主义理论和方法应用到广告学研究。计算广告学以追求广告投放的综合收益最大化为目标，重点解决用户与广告匹配的相关性和广告的竞价模型的问题。

第三节　广告调查的操作流程

一、明确调查目标

明确调查目标是制订广告调查计划的第一步，包括界定广告调查问题、明确需要收集的资料、说明所要解决的问题。如果调查问题界定清楚，所需资料明确清晰，则能准确地说明所要解决的问题，并使调查工作有的放矢、方向明确。

调查目标的确定是一个由抽象到具体，由一般到特殊的过程。首先。调查者应限定调查的范围，找出广告中最需了解或解决的问题。其次，分析现有的与调查问题有关的资料。在此基础上，明确广告调查需要重新收集的资料。最后，写出调查问题的说明。例如：× × 牌加湿器在过去 6 个月中销售额下降 20%。这种下降，可能是由于市场上所有加湿器销售额均下降，也可能是被另一品牌挤占了部分市场份额。如果是后者，则要调查清楚是哪一个品牌以及为什么。

广告调查问题说明通常应具备三个要素：①调查的问题必须能够测定；②这些问题要与原问题有关；③所要收集的资料直接与问题整体相关。

二、制订实施方案

制订实施方案是广告调查中最复杂的阶段，包括选择与安排调查项目、调查方法、调查人员、调查费用等内容。调查项目的决定取决于广告调查的目标。调查组织者在明确了调查问题之后，要将所要收集的资料加以分类，并使之具体化，直到成为能直接进行调查的操作变量为止。例如，如果要调查顾客接触印刷媒体的情况，可将其细分为购买的报刊、阅读的报刊、阅读内容、阅读时间、对某一报刊的好感、对个别报刊的批评和意见等。

选择调查方法包括在何处调查、找何人调查、用何种方法调查，以及抽样的设计。调查地点即规定调查的地区范围，它与目标市场的位置、顾客的聚集程度密切相关。调查对象主要是将目标顾客按性别、年龄、收入、文化程度、职业等特性分类，确定被调查者应具备的条件。收集资料的方法一般是决定使用访问法、观察法、实验法，或是开调查会法。若决定使用访问法进行调查，则还需要进行抽样设计。

调查人员的选择直接关系到广告调查的质量。一般而言，调查人员应具备的能力：掌握同被访者沟通的面谈技术；具有一定的创造力和想象力；了解广告调查所要解决的问题；善于观察被访者的心理变化及行为动机；能正确表达所收集的资料；对此项调查具有相应的经验和知识。为保证调查结果的可靠性，在实施广告调查之前，应对调查人员进行模拟训练，把调查过程中可能碰到的问题充分表现出来，以锻炼受训者应付、处理实际问题的能力。

调查费用主要有调查费和分析费。调查费包括资料费、抽样费、问卷费、交通费、服务费等，分析费包括上机费、统计费、报告费等。调查费用因调查种类和收集资料的精确度不同而有很大差异。调查组织者应事先编制经费预算，制订出各项费用标准，力求以最少的费用取得最好的调查效果。

为合理使用经费及保证调查工作的顺利进行，需要制订调查进度表，对调查费用和时间加以具体规定和控制。在此基础上，再实施调查作业。

当调查由广告代理来执行时，广告主通常需要对广告代理拟定的广告调查计划进行审核并提出有异议之处，广告代理同广告主共同商议并调整之后，再实施调查作业。

三、实施调查

由选定的调查人员依照最终确定的调查实施方案去开展调查活动。在调查的整个过程中必须坚持对调查人员的调查工作进行监督和控制，以保证获得信息资料的真实性，确保调查的质量。

调查早期，调查员尚未非常熟悉调查问卷和操作过程，容易出错，因此早期现场监控最为重要。通常督导员要通过陪访、回访、审卷、再培训等手段发现并迅速解决调查员出现的问题。如果条件许可，可以在每天调查工作结束后与调查员进行交流、总结。

调查中后期的质量控制主要集中在对问卷质量和样本分布上。就问卷质量的控制而言，督导人员通常可以要求调查人员在一份问卷填答完毕之后，立刻自查问卷是否有漏答、误填和前后不一致的答案。条件许可的话，应该要求每天上交所有完成问卷与空白问卷。这样做一方面可以防止调查员作假，抄袭已完成的调查问卷；另一方面也有利于及时了解和控制调查进度和问卷质量。在回收一定数量的问卷后，要安排复核员用电话访问或面访的方式，对被访人进行回访，了解调查员是否规范地执行抽样、访问程序。对不合格的访员要及时更换，对不合格的问卷要重新补做。在调查结束后，调查负责人还要组织全面复核，以评估调查实施的质量。

四、整理分析资料

在实施广告调查以后，如果收集的资料较为准确和完备，就需要进行整理和分析。整理和分析资料的过程也就是对资料进行研究的过程。

整理资料主要包括：编校，即对收集的资料加以校对核实，消除其中不符合实际的成分，如不完整的答案、前后矛盾的答案，以及调查员的偏见等；分类，即把经过编校的资料归入适当的类别，并制成各种统计图表，以供资料分析时使用，编制统计图表的工作则可以由计算机完成。

分析资料是一项难度很大的工作：首先，要计算各类有关资料的平均、标准差和百分率，使人们对调查结果有一个基本而又清晰的认识；其次，采用图表形式找出资料之间的相互关系；再次，需要使用相关系数和其他统计检验方法来测定资料间相互关系的密切程度；最后，运用一些较复杂的统计技术，如多元回归分析、因素分析、判断分析、群体分析、正负相关分析和多向量表等方法，对资料进行多变数分析。

五、编写调查报告

调查过程的最后阶段就是编写调查报告。调查报告是广告调查工作的成果，也是企业制订广告决策的依据。一份优秀的调查报告起码应具备以下条件：报告语言应力求简洁、有说服力，词汇尽量非专门化；报告必须结构严谨，体裁适当，不能漏掉重要的资料；调查报告还要有明确的结论和建议，并让读者能够了解调查过程的全貌。

调查报告一般包括三个方面的内容。

（1）序言，主要是调查结果摘要，调查目的和方法的说明。

（2）报告主体，主要是调查资料的分析，得出的结论和建议。

（3）附录，主要有统计图表和公式、分析方法说明、参考数据和资料等。调查报告应具备及时性、针对性、准确性和系统性等特点。

第三章　市场认识与细分

第一节　市场与市场营销

一、市场的含义

市场是商品经济的产物，是联系生产和消费的纽带。哪里有商品生产和商品交换，哪里就有市场。市场的概念不是一成不变的，随着商品经济和企业经营活动的发展，在不同的场合，从不同的角度看，市场有不同的含义。

（一）市场是商品交换的场所

在日常生活中，人们习惯将市场看作买卖的场所，如集市、商场、农贸市场、人才市场、电子商务交易市场等。这是市场的原始概念，正如我国古书《周易》所载的“日中为市，致天下之民，聚天下之货，交易而退，各得其所”。市场在这里指的是商品交换的具体场所，仅仅是个买卖东西的地方，是个地理空间上的概念。

（二）市场是商品交换关系的总和

这是一种广义的、反映实质的市场概念。经济学家认为，市场的核心是交换，参与产品交换的买方和卖方的集合就构成市场。马克思认为，市场包含着全部商品所有者之间错综复杂的交换关系，形成了许多并行发生和彼此连接的商品交换过程，这样就构成了商品流通，市场就是由这一系列交换关系组成的。

在当今的社会经济条件下，市场上交换的产品的数量、品种、范围日趋增大，产品交易的流程、方法、信息沟通手段及参与交易的成员更加复杂，产品交换就不一定局限在固定的场所。在市场交换过程中，包含着全部产品所有者之间错综复杂的交换关系，因此，市场表现为产品所有者全部交换关系的总和。

（三）市场是指商品购买者的集合

这是从卖方（也就是企业）的角度来理解市场的，研究的是以满足消费者需求为中心的企业营销活动。由于商品需求是通过购买者体现出来的，因而市场是具体产品的现实与潜在的购买者所构成的群体，不是地点、空间的概念，也不是单纯交换关系的概念。如果我们说某产品没有市场，实际上就是指消费者对这种产品没有需求。因此，从营销学角度对市场下定义，市场是愿意并能够通过交换来满足某种需要或欲望的全部顾客。这一定义可以用公式表示，即市场 = 人口 + 购买力 + 购买欲望。

市场的三要素是相辅相成、缺一不可的。只有把三者有机地结合起来，才能构成完整的、现实的市场，才能决定市场的规模和容量。它们之间的关系表现在以下几个方面。

1. 人口是构成市场的最基本条件

一个企业要向某地区销售产品，该地区必须有一定数量的人口，这些人口构成企业的潜在顾客，即企业产品的可能购买者，因此人口数量关系着市场规模和市场容量。

2. 购买力是构成现实市场的物质基础

一个区域人口虽多，但收入水平低，购买力有限，则不能构成容量大的市场；一个地区人口稀少，尽管购买力很大，同样也不能构成容量大的市场。只有人口数量多且购买力大的市场，才可能成为一个有潜力的大市场。

3. 购买欲望支配着人们的购买行为，是购买力得以实现的必不可少的条件

某产品不适合某消费者群的需要，不能引起他们的购买欲望，这一消费者群的人数再多，购买力再高，对于该产品的销售者来说，也不能成为现实的市场。所以，从企业的角度来看，市场是某商品需求的总和，是人口、购买力、购买欲望三个要素的统一。

二、市场的分类

根据购买者及其购买行为的特性，市场可分为消费者市场和组织市场。

（一）消费者市场

消费者市场是指为满足生活需要而购买产品或服务的个人和家庭的总和。在这个市场上，购买者人多而分散，购买量小而频繁，产品最终都用于个人或家庭消费。消费者市场是社会生产的最终市场，所以，它是所有市场的基础，也是起决定性作用的市场。

（二）组织市场

组织市场是指工商企业为从事生产、销售等业务活动，以及政府部门和非营利组织为履行职责而购买产品和服务所构成的市场。简言之，组织市场是以某种正规组织为购买单位的购买者所构成的市场。组织市场包括生产者市场、中间商市场、机构市场和政府市场。在组织市场上，购买者比较少，较为集中，购买规模大，产品最终用于组织再加工或转售，或者向其他社会组织或社会提供服务。

三、市场营销的概念及理论

（一）市场营销的含义

市场营销简称营销，英文为 marketing。国内外学者对市场营销的定义不下百种，人们从不同的角度对市场营销进行了解读。

市场营销是企业以顾客需要为出发点，综合运用各种战略与策略，把商品和服务整体地销售给顾客，尽可能满足顾客需求，并最终实现企业自身目标的经营活动。现代的市场营销概念是从过去的市场销售发展而来的。可以说，人类社会自从有了商品和商品生产，就有了销售活动。但营销与销售或推销不同：销售或推销都是从卖方的需要出发，根据产品的成本定价，通过必要的促销手段最大限度地扩大销量而最终达到获利的目的；而营销则从市场的需要出发，根据消费者的需要设计产品并依据市场情况定价，再以消费者愿意接受的方式促销，通过满足消费者来获得最大利润。

企业的市场营销活动通常包括市场调研，消费者行为分析，目标市场的选择和定位，产品的开发、定价、分销、促销和售后服务等活动，涵盖了企业的大部分业务活动。

（二）市场营销理论

1. 4P 理论

企业可以控制的开拓市场的因素有很多，最常用的一种方法是由美国密歇根大学杰罗姆·麦卡锡教授提出的 4P 理论。麦卡锡认为，在影响企业经营的诸多因素中，产品、价格、分销、促销是企业可以控制的变量，所以市场营销学就是研究企业针对所选定的目标市场如何综合配套地运用这四个可以控制的因素，组成一个系统化的营销组合策略，以实现企业经营的目标。由于产品（product）、价格（price）、分销（place）和促销（promotion）的英文首字母都是“p”，所以简称“4P”。

对产品来说，人们要注意产品的核心功能、服务、品牌和包装等。具体来说，产品是指企业提供给目标市场的货物和服务的集合，包括产品的效用、质量、外观、式样、品牌、包装和规格，此外还包括服务和保证等因素。

价格是影响消费者行为和市场需求的关键因素之一。制订产品价格既要考虑到企业自身的因素，如成本、利润等，又要考虑到消费者对价格的理解和接受能力。企业要从自身的战略目标出发，选择适当的定价目标，综合分析成本、供求关系、竞争和政府控制等因素，运用科学的方法来制订产品价格。

分销主要包括分销渠道、储存设施、运输设施、存货控制等，它代表企业为使其产品进入和到达目标市场所组织、实施的各种活动，包括途径、环节、场所、仓储和运输等。

促销是指企业利用各种信息载体与目标市场进行沟通，以便影响和促进顾客的购买行为。促销包括人员推销、广告、营业推广和公共关系。有效的促销可以使更多的消费者形成对本企业和特定产品的偏爱，使消费者愿意购买本企业的产品，获得稳定的销路，提高企业产品的市场占有率。

此后，学术界又不断有人提出一些“p”，如“人”（people，多用于服务营销）、“包装”（packaging，多用于消费品的包装）、“零卖”（peddling，亦称“人员推销”，往往依赖于大量的促销手段），但目前广为流传的依然是以4P理论为基础的提法。

2.4C营销理论

4C营销理论是由美国营销专家罗伯特·劳特朋教授提出的，与传统营销的4P理论相对应。它以消费者需求为导向，重新设定了市场营销组合的四个基本要素，即消费者（consumer）、成本（cost）、便利（convenience）和沟通（communication）。

（1）消费者，指消费者的需要和欲望。

（2）成本，指消费者获得满足的成本，或是消费者满足自己的需要和预想所愿意付出的成本价格。

（3）便利，指购买的方便性。

（4）沟通，指与用户沟通。企业可以尝试多种营销策略与营销组合，如果未能取得理想的效果，说明企业与产品尚未完全被消费者接受。这时，不能仅依靠加强单向劝导顾客，而要着眼于加强双向沟通，增进彼此的了解，实现真正的适销对路，培养忠诚的顾客。

（三）广告策划与市场营销的关系

1. 确定营销目标方面

企业在进行具体的产品展示时，需要考虑到市场需求差异，清醒认识到仅对

个别消费者进行大范围宣传是徒劳无功的。基于此，广告策划者应制作符合市场状况的广告策划案，广告策划案务必要反映市场营销的意图。另外，在生产产品或策划广告的过程中，也要考虑到人性的一面，在新产品上市之前，要全面分析市场差异，准确定位目标群体。所谓“产品展示”，就是帮助企业更好地进行宣传，把握市场商机，使企业获得更大的经济效益。例如，企业在对产品进行广告策划时，应全方位描写产品的特点与优势，巧妙利用各种手段和恰当的语言来突出产品特色，这样既能促使消费者对产品产生想了解的心理，也能精准确定市场营销的主要目标。

2. 展示产品价格方面

企业在为了市场营销而进行广告策划时，应充分展示企业产品的价格。如果产品可以反映消费者的消费地位和阶层，而产品广告故意将产品的价格进行模糊化处理，使消费者无法对产品价格有清晰认知，则很容易导致消费者对产品产生疑问和不满。另外，广告策划还要体现企业的价值观念，这是不容忽视的关键内容，具体而言，就是要让消费者意识到产品的价格与企业的价值观念相符。成功的企业营销广告策划应在广告策划中将企业的价值观念反映出来，如代表一定意义的符号、图形等，这样才能为消费者提供足够的想象空间，让消费者在消费过程中产生满足感和愉悦感。

3. 研究对象与发展方向方面

广告策划与市场营销都是现代企业的工作内容之一，两者有许多契合之处，如都是进行宣传。在当今社会，广告除了能在各领域起到宣传作用，还能在广大民众中产生吸引、游说等效果，这点与市场营销通过对消费者展开分类研究使其对企业产品产生兴趣，进而产生购买欲望和购买行为十分契合，而如何了解民众的需求、激发其购买欲望则是两者主要的研究内容，这就意味着两者在研究内容方面较为相似。此外，企业开展市场营销主要面向的是消费者，即社会大众；而开展广告策划主要吸引的是观众，也是社会大众，可见两者所研究的对象也具有相似性。由此可知，两者具有相同的目标。

第二节　市场细分

一、市场细分定义及理论依据

市场细分和目标市场的观念是现代市场营销理论不断发展的结果。这个理论最早是由美国营销学家温德尔·史密斯于 1956 年提出的，一经提出即对企业界和理论界产生了巨大的影响，被称为能给企业带来效益的观点。一般说来，任何一个企业均无法为一个广义市场中所有的顾客提供产品和服务。道理很简单，这个市场的人数太多，分布太广，每个人（或每群人）的需求差异又很大。由此，对一个企业来说，与其分散出击，还不如集中优势于一点或几点，将自己的优势集中于自己的优势或者是别人的不足之处，这就是市场细分的通俗解释。用现代营销学的观点来讲也就是，选择并确定本企业可以提供最有效服务的市场，而不是盲目的广义市场。

在市场营销学中，市场是由买方所构成，而购买者由于受各种变量（如收入、职业、年龄、文化和习惯、偏好等）的影响，一般在一个或多个方面会有不同的需求。营销人员的工作就是按这些不同的变量，将整个市场细分为若干个不同的子市场。所谓市场细分，就是企业按各（细分）变量将整个市场划分为若干个需求不同的产品和营销组合的子市场或次子市场的过程，其中任意一个子市场或次子市场都是一个有相似需求的购买者群体。例如，电视机市场就可以细分为彩色和黑白电视机两个子市场。对这两个子市场，如彩色电视机的子市场又可以继续细分为大屏幕（29 英寸以上）彩色、中屏幕（18 英寸、21 英寸和 25 英寸）彩色和小屏幕（小于 18 英寸）彩色这三个次子市场，黑白电视机的子市场也可采用相类似的方法进行细分。当然，也完全可以依据其他变量将其分为城市和农村这样两个子市场，再按各子市场的各种收入群体进行进一步的细分。市场细分是根据消费者的消费需求和购买习惯的差异，将整体市场划分为由许多消费需求大致类同的消费者群体所组成的子市场群。这种按照一定标准将整个市场划分开来的活动又被叫作市场分割、市场区隔化。而这一活动的结果即一个个被分隔的子市场可称为细分市场，每个细分市场内的消费者具有相对类同的消费需求。

温德尔·史密斯总结了一些企业的市场营销经验，提出市场细分的观点后立即被企业家所认可，并被誉为创造性的新概念。它的理论依据是消费需求的绝对差异性和相对同质性。

（一）消费需求客观存在绝对差异性

由于人们所处的地理条件、社会环境和自身的个性心理不同，市场上的顾客千差万别，他们追求不同的利益，拥有不同的需求特点和购买习惯，以至于对商品的品种、数量、价格、式样、规格、色彩乃至购买时间和地点的要求都会有所不同。而且，这些差异是绝对的，就像世界上没有完全相同的两片树叶一样，市场上也绝没有完全相同的顾客。如果说卖方市场限制了消费者表现和实现其差异需求的条件，买方市场则使消费者步入了个性消费的时代，客观存在的需求差异得到真正尊重和鼓励。以消费需求为中心的营销活动自然地建立在对这些客观差异的识辨和区分即市场细分上。

（二）消费需求客观存在相对同质性

只承认需求的绝对差异而否认其相对同质，是片面的，必然陷入不可知论的窘境。应该看到，在同一地理条件、社会环境和文化背景下的人们会形成有相对类同的人生观、价值观的亚文化群，他们的需求特点和消费习惯大致相同。正是因为消费需求在某些方面的相对同质，市场上绝对差异的消费者才能按一定标准聚合成不同的群体。每一个群体都是一个有相似欲望和需求的市场部分或子市场。

所以，消费需求绝对差异造成了市场细分的必要性，消费需求的相对同质性则使市场细分有了实现的可能性。

市场细分理论的提出被看作营销学的“第二次革命”，是继以消费者为中心的观念提出后对营销理论的又一次质的发展，它的出现使营销学理论更趋于完整和成熟。

二、市场细分的标准

这里介绍的是根据市场的细分变量来进行细分的方法。企业在进行市场细分时，一定要根据自己的内外部环境等因素作出决断，要因地制宜而不是因循守旧、一成不变。市场细分所依赖的变量有许多，可以按消费者市场和组织市场简略地概括。

（一）消费者市场细分

消费者市场主要有四大类变量：地理、人口、心理和行为，如表 3-1 所示。

表3-1　消费者市场细分变量一览表

主要细分变量	次要细分变量
地理	区域、地形地貌、气候、城乡、城市规模、人口密度、交通、环保、其他
人口	国籍、种族、宗教、职业、受教育程度、性别、年龄、收入、家庭人数、家庭生命周期、其他
心理	社会阶层、生活方式、个性、购买动机、偏好、其他
行为	追求利益、使用时期、使用者状况、使用频率、品牌忠诚度、对产品的了解程度、对产品的态度、其他

接下来，我们对上面给出的表中的主要变量和次要的细分变量展开讨论，并说明怎样利用它们来进行市场细分。

1. 地理细分

地理细分是要求按消费者所在地区的地理条件来划分市场。居住地区的地理条件不同，需求和欲望也就不一样。要注意的是，这是一个静态的变量，较容易辨别，但并不是说就可以忽视具体的细分变量。例如，在我国，越往南方，对空调的欲望和需求也就越高，但这并不是绝对的。昆明在地理位置上属南方，但那里四季如春，对空调的欲望和需求较之同属南方的广州就要低得多。所以，地理只是一个“宏观”的变量，还应该了解一些具体的“微观”的变量，也就是表中所列出的次要细分变量。在这一空调的例子中，除南方这一大的地理环境相同外，由于地形地貌和气候不同，决定了这两个地区对空调的欲望和需求大相径庭。

2. 人口细分

它是根据人口统计这一变量，按国籍、性别、民族、收入等具体细分变量将市场细分。这是区分消费者群体最常用的变量。不仅是由于该变量与消费者对商品的需求、爱好和消费行为有密切的关系，而且人口统计变量资料相对容易获得和进行比较。出于市政道路建设和城市规划等诸多方面的原因，某城市近年来将会有数十万个家庭动迁。由动迁而引发的家具热就对家具行业形成了一个相当大的家具市场。但购买家具绝不会家家一样、户户统一，而是根据各自家庭的收入、人口数、职业等（次要细分变量）有着不同的需求。有较高收入的年轻人往往追求品牌商品，而老年人相对就不是那么在意品牌，而是讲究质地。

3. 心理细分

在商品越来越丰富的市场条件下，人们的心理变量对消费者的购买行为有很大的影响。有的消费者喜欢穿金戴银，追求名贵物品，以显示其经济实力和社会地位；有的穿得十分花哨以突出其个性；有的却非某某国的家电不买，显示出一种崇洋心理。在市场研究公司的调查表中，个性、阶层、生活方式等因素成了越来越被重视的内容，它对于帮助企业把握消费偏好具有日趋重要的影响力。商家利用明星做广告来进行其商品的促销，就是利用人们（特别是青少年）的“追星”心理。

4. 行为细分

行为细分就是根据不同的购买行为来进行市场细分。它通常包括购买的时机、商品的使用频率、消费者对产品的了解和态度等。例如，夏季到来之前是空调、电扇的销售旺季，这就是购买的时机。购买各种不同的化妆品，不同的顾客就追求不同的效果：有的为了美白，有的为了抗皱或防晒，有的则为了护肤，有的却追求综合效果（美白、抗皱等都要）。像化妆品这类的商品就有一个“使用频率”的次要细分变量。

总之，这里要强调的是，把主要细分变量分为四个，再给出了若干个次要细分变量并不是说仅考虑一个主要或几个次要细分变量就可以进行细分了，而是要将各种变量（主要或次要）综合在一起进行分析，不能只强调这个而忽视其他。进行如此的划分也仅是编者的思考，而真正在具体的操作过程中，则应根据实际情况对主要和次要的细分变量重新分类。有的商品地理是主要细分变量，而另外的商品则未必。也有可能次要的变成了主要的，主要的成了次要的。切记具体情况具体分析，绝不要一概而论。

（二）组织市场细分

组织市场通常是按照这样几大类变量细分：地理人口、经营状况、采购方式、产品用途和个性特征，如表3-2所示。

表3-2 组织市场细分变量

主要细分变量	次要细分变量
地理人口	行业、地址、公司规模
经营状况	技术、使用者 / 非使用者、顾客能力
采购方式	采购组织职能、权力、总采购政策、购买标准
产品用途	应急、常规、特殊用途、订货量
个性特征	双方相似点、风险态度、合作态度、偏好

对组织市场的细分，我们不再像面对消费者市场那样做详细的讨论，因为许多用来细分消费者市场的变量同样可用来细分组织市场。当然，它们毕竟不是完全一样的市场，组织市场的购买者不是一般的消费者，而是企业、政府或政府机关、社会团体等，所以组织市场的变量集合就有自己的特点。

需要说明的是，在此也不采用上面分析消费者市场的细分方法来详细讨论组织市场的细分，而仅是简略介绍，因为市场尽管不一样，但细分的方法大致上是一致的。总是先确定主要细分变量及相应的次要细分变量，而后根据它们来进行讨论、分析。例如，卡特皮勒拖拉机制造公司就将其产品按行业分类，专供农业、矿业和建筑业三个行业使用。针对三个不同行业对拖拉机使用的相似之处和差别进行了深入的了解，有了深刻的认识。不同的地理环境、用途、技术水平等，对拖拉机就有不同的要求。大型水利工地上使用的拖拉机和在农田上使用的拖拉机尽管使用性质是一样的，但具体的功能要求则完全不同。

政府机关购买日常的办公用品就具有这样的几个特点：量大、购买时间有周期性和定点购买。就一般的细分形式而言，组织市场细分的一项首要工作是细分行业（就像上面所介绍的拖拉机公司那样），进一步可根据自己企业产品的特点进行逐步细分。例如，细分客户规模，是大客户还是中客户或是小客户；也可以按使用时间，细分为长期、中期或是短期客户；按区域，可以细分为国际性、全国性、地区性甚至于经销商等几类客户。国际性和全国性的客户属于大客户，地区性客户为中客户，经销商则一般为小客户。这样的划分并没有固定不变的模式，经销商特别是代理商完全可以是一个大的国际性的客户。

确定了目标行业和顾客规模后，接下来我们要做的工作可能是再细分各顾客的购买方式，它包括客户的组织形式（国家、大企业集团、中小企业等）、技术状况、标准要求和采购方式等。例如，量具在不同行业的购买标准和要求就不一样。科学实验所用的量具精度要求就很高，教学所用相对要低，农贸市场则更低。印刷厂在承接书籍的排版和印刷时，若是教学用书，则量大、差错率低，但纸质要求一般，价格也不能太高；而经典著作则是量小、基本无错误，而纸质要求高，价格可以抬高。

通常，组织市场可通过一系列的细分来确定最后的目标市场。考察下面某电碳厂的例子，该厂为求进一步发展，对电碳市场进行了细分（表 3-3）。

表3-3 电碳市场细分一览表

行业细分	购买行为细分	
	购买目的	追求效果
电工	机械密封用	自润滑
机械	衬套用	抗腐性
冶金	轴承用	抗冲击
化工	防爆用	易机械加工

该厂还了解到，机械密封用需求很大，仅泵类主机就需要 127 万套，潜在需求则可达到每年 800 万套。其他如化工机械、水轮机等各类机械，所需密封件现实和潜在用户都极大。考虑到有如此的市场，以及自己企业的能力和技术条件等因素，最终选择机械、化工行业的机械密封用的细分市场为目标市场。

应该认识到，细分一个市场有各种方法，不同的企业所面临的市场也不相同，采用的细分方法当然也就不一样。比如，你完全可以根据前来购买大米的顾客的衣着，将购买大米的市场分为衣着整洁和不整洁两类细分市场，但实际上这样的细分是不可取的，也是毫无作用的，因为购买大米的数量与购买者的衣着并没有明显的联系。要使细分成为有效和可行的，必须具备以下的几个条件。

1. 可度量性

主要指细分的特性可以度量，如大小、购买力、人口等。以某种标准进行细分后的各个子市场范围清晰，其需求程度和购买力水平是可以被度量的，并同其他子市场有明显差异。这里特别要强调的是，所选择的标准必须使细分后的市场

是有意义的，细分市场中的特定需求确实存在，且不可替代。这样才可能使企业通过对特定需求的满足来达到对该细分市场的控制。

2. 有价值

细分市场的规模要大到足以获得利润的程度，即以某种标准进行细分后的各个子市场拥有足够的潜在需求，能使企业有利可图，实现其利润目标。也就是说，子市场应该是值得企业为之设计专门的有效规划方案的尽可能大的同质消费者群体。

3. 可进入性

可进入性即以某种标准进行细分后的各个子市场是企业的营销辐射能力能够到达的，消费者能接触到企业的产品和营销努力。可进入性的另一含义就是该市场不存在实力很强的竞争对手，从而使企业进入这一市场相对比较容易。

4. 差异性

细分市场在观念上要能够被区别，且对不同的营销组合因素和方案应有不同的反应。一方面，如果不同细分市场顾客对产品需求差异不大，行为上的同质性远大于其异质性，此时企业就不必费力对市场进行细分。另一方面，对于细分出来的市场，企业应当分别制订独立的营销方案。如果无法制订出这样的方案，或其中某几个细分市场对是否采用不同的营销方案不会有大的差异性反应，便不必进行市场细分。

同时还必须注意：①确定细分市场的变量并非越细越好，而应适可而止，要分清主要变量、次要变量，否则既不实用又不经济；②细分市场并非越多越好；③市场是动态的，所以要根据变化，进行研究和分析，并作出相应的调整。还有学者认为，预期市场所得的收益将大于因细分市场而增加的生产成本和销售费用时，可进行细分，否则可不进行细分。

三、市场细分的程序

美国营销学大师麦卡锡提出了细分市场的一整套程序，这一程序包括七个步骤。

第一步，选定产品市场范围，即确定进入什么行业，生产什么产品。产品市场范围应以顾客的需求，而不是产品本身特性来确定。例如，某一房地产公司打算在乡间建造一幢简朴的住宅，若只考虑产品特征，该公司可能认为这幢住宅的出租对象是低收入顾客，但从市场需求角度看，高收入者也可能是这幢住宅的潜在顾客。因为高收入者在住腻了高楼大厦之后，恰恰可能向往乡间的清静，从而可能成为这种住宅的顾客。

第二步，列举潜在顾客的基本需求。比如，公司可以通过调查，了解潜在消费者对前述住宅的基本需求。这些需求可能包括遮风避雨，安全、方便、宁静、设计合理、室内陈设完备、工程质量好等等。

第三步，了解不同潜在用户的不同要求。对于列举出来的基本需求，不同顾客强调的侧重点可能会存在差异。比如，经济、安全、遮风避雨是所有顾客共同强调的，但有的用户可能特别重视生活的方便，另外一类用户则对环境的安静、内部装修等有很高的要求。通过这种差异比较，不同的顾客群体即可初步被识别出来。

第四步，抽掉潜在顾客的共同要求，而以特殊需求作为细分标准。上述所列购房的共同要求固然重要，但不能作为市场细分的基础。例如，遮风避雨、安全是每位用户的要求，就不能作为细分市场的标准，因而应该剔除。

第五步，根据潜在顾客基本需求上的差异方面，将其划分为不同的群体或子市场，并赋予每一子市场一定的名称。

第六步，进一步分析每一细分市场需求与购买行为特点，并分析其原因，以便在此基础上决定是否可以对这些细分出来的市场进行合并，或做进一步细分。

第七步，估计每一细分市场的规模，即在调查基础上，估计每一个细分市场的顾客数量、购买频率、平均每次的购买数量等，并对细分市场上产品竞争状况及发展趋势作出分析。

四、市场细分的意义

在现代激烈竞争的市场环境中，市场细分的意义主要体现在以下几个方面。

（一）有利于企业发现新的市场机会

在市场供给看似已十分丰富，竞争者似乎占领了市场各个角落时，企业利用市场细分就能及时、准确地发现属于自己的市场机会。因为消费者的需求是没有穷尽的，总会存在尚未被满足的需求。只要善于进行市场细分，总能找到市场需求的空隙。有时候，一次独到的市场细分能为企业创造一个崭新的市场，百事可乐公司就是通过市场细分为自己发现了绝妙的市场机会，并在此基础上用一系列营销努力成功地改写了可乐市场上可口可乐“一统天下”的局面。当时可口可乐在消费者心目中几乎就是饮料的代名词，其他品牌的饮料根本无法与之相提并论。百事可乐首创不含咖啡因的“七喜”，并用饮料中是否含有咖啡因作为标准，硬是将饮料市场一劈为二：含有咖啡因的饮料市场和不含咖啡因的饮料市场，并成功地让消费者认同：可口可乐是前一个市场的霸主，而七喜则是后一个市场的领导者。营销人员在经过市场调查和细分后，对各细分市场的变量（值得一提的是，

对本企业的产品、本行业的产品和相关产品在市场的饱和程度、竞争势态等要了解、掌握得十分明确和正确）的情况和变化趋势要做到（尽可能地）了如指掌，这样，就有可能发现那些需求尚未得到满足或未充分满足的新的细分市场。

（二）有利于中小企业开拓市场

与大企业相比，小企业的生产能力和竞争实力要小得多，中小企业的总体实力低于大企业，产品相对单一，为求生存，特别是为了在大企业的夹缝和中小企业之间的激烈竞争中寻求发展，进行市场细分、拾遗补缺就更有必要。中小企业在整个市场或较大的细分市场上无法建立自己的优势。借助市场细分，中小企业可以发现某些尚未被满足的需要，这些需要或许是大企业忽略的，或许是极富特殊性，大企业不屑去为之专门安排营销力量的。无论何种情况，只要是小企业力所能及的，便可以见缝插针，拾遗补缺，建立牢固的市场地位，成为这一小细分市场的专家。小企业还可充分发挥“船小掉头快”的优势，不断寻找新的市场空隙，使自己在日益激烈的竞争中生存和发展。对于它们，细分的目的就是挖掘出适合自己优势而别的中小企业却为劣势，或大企业无法甚至不愿顾及的小市场，并确定目标市场，在目标市场上站稳脚跟，从而获得生存、良好发展的机会及较大的经济效益。

（三）有助于企业确定经营方向，开展有针对性的营销活动

现代营销理论认为，只有企业产品的服务对象明确，才能做到有的放矢，不打无准备之仗。这样，对提高企业的经营管理水平，增强市场的竞争力都有很大的帮助。面对极其广阔的市场，任何企业都不可能囊括所有的需求，而只能满足其中十分有限的部分。所以，慎重地选择自己所要满足的那部分市场，使企业的优势资源得以发挥是至关重要的。通过市场细分，企业把市场分解开来，仔细分析比较，及时发现竞争动态，避免将生产经营过度集中在某种畅销产品上，与竞争者一团混战。又可以选择有潜力又符合企业资源范围的理想顾客群作为目标，有的放矢地进行营销活动，集中使用人力、物力和财力，将有限的资源用在刀刃上，从而以最少的经营费用取得最大的经营成果。

（四）有利于企业优化其资源

这主要体现在三个方面：一是可按照目标市场的需求和变化，及时、准确地调整产品结构和营销策略；二是能更有效地建立营销和运输渠道，进行广告宣传；三是可以集中人、财、物力于一点或数点，使有限的资源发挥其最大的效用，从而最大限度地避免浪费。

（五）有利于及时反馈各方面信息并适时作出相应的调整

正是由于细分的结果，目标市场也就相对集中。企业专注于目标市场（因为整个大市场的敏感度和反应速度较迟缓），因而能更及时地发现问题，并掌握发展及变化的趋势。这不但有助于企业防范重大危害性事件的发生，也有助于挖掘市场的潜在需求。

（六）有利于评价企业的营销策略

船小好掉头。在个别目标市场，营销策略正确与否，产品适销对路与否，都能较好地在整个市场更快地反映出来，企业依此可及时作出评价、及时进行调整并制订出进一步的行动方案。

五、市场细分对广告策划的作用

企业为了开拓市场，往往运用广告这个重要的促销手段，让目标公众了解所宣传的商品所具有的特色，并能为特定的用户群提供一定的利益或满足感，使企业在营销中获得成功。可口可乐的信条是成功在于广告。可口可乐每一时期的广告总是有一个主题思想，如“可口可乐——令你精神爽朗，回味无穷”“使炎热的夏天变得凉爽”。广告的成功，不但塑造了可口可乐产品的形象，而且使其成为国际公认的品牌和美国的象征，畅销世界 150 多个国家和地区。其成功的秘诀在于能通过市场细分，针对消费者心理，即一般青年寻求欢乐的心愿，表达广告主题，创造一种欢乐的气氛；能根据美国消费者的需求、生活习惯、购买行为，从构图、文字、音乐等方面来创造一种独特的广告意境，并通过媒介着力渲染，获得消费者青睐。由此可见，可口可乐的成功依赖广告，而广告的成功又在于寻找到了特定的用户群。通过市场细分，才能明确广告定位，明确诉求对象和目标，真正做到有的放矢。

为什么有些广告能给消费者留下难忘的印象，刺激其购买欲望，而有些广告宣传花费甚多却收效甚微呢？让我们来剖析两个洗衣机电视广告。其一，画面上产品罗列，画外音：“本厂向您提供 ×× 牌洗衣机，历史悠久、信誉卓越，多次评比均名列前茅，远销香港、东南亚地区，欢迎大家选购。”广告语空洞乏味，言之无物。究其原因是缺乏市场细分，没有对特定用户群进行解剖，因而广告缺乏正确定位和创意，以致诉求对象不明确，难以给消费者留下良好的印象。其二，广告画面：两位俊俏秀丽的妇女在一起练习书法，在右下角画面上，一台“×× 牌”洗衣机正在工作，在左上角，一个书写的“贤”字跃然纸上，广告标题：贤妻良母。广告把家庭主妇作为目标，又针对她们想要减轻家务、增加空闲时间的心理，

在广告表现上包含“贤”情，既合情理，又引起注意，刺激了洗衣机的主要购买对象——家庭主妇的购买欲望。这样的广告不正切合企业营销的目的吗？实践表明：如果创意是广告的灵魂，那么，市场细分是创意乃至整个广告策划的前提和基础。广告要引起消费者注意，激发消费者购买欲望，就必须运用市场细分的方法，使企业营销、广告宣传满足特定用户群的需求，这是广告策划的目的，也是现代企业成功的关键。

第四章　消费者分析

第一节　认识消费者

一、消费者与消费需求

（一）消费者的角色分析

消费者在消费过程中，往往不止扮演购买者一种角色。他们可能是个人消费的决策者和购买者，家庭消费的发起者，或者组织消费的影响者。无论是简单的还是复杂的消费过程，一般都会出现以下五种角色。

1. 发起者

发起者又称倡导者，指的是第一个想到及建议购买某一产品的人。在家庭消费中，发起者能促使家庭其他成员对该产品发生兴趣。对发起者来说，他们或者是本人有消费需要或消费意愿，或者是认为他人有消费的必要，因此才发出消费倡导。

2. 影响者

影响者是指对发起者的建议表示支持或反对的人，他们的意见会对最终的购买决策产生直接或间接的影响。影响者包括家庭成员、朋友、邻居、购物场所的销售人员、广告中的代言人，甚至素昧平生的过路人等。影响者的影响力有大有小，因人而异。比如，消费者有可能因为对某个明星的崇拜而做出购买决策，这时候，明星就成为有分量的影响者，策划人员在制订广告表现策略时，可以通过使用形象代言人的方式来增强影响者的示范作用，进而引发消费者的从众行为。

3. 决策者

决策者是指作出最终购买决定的人。在是否购买、为什么购买、怎样购买、在哪里购买、购买什么样的产品等方面，决策者能做出全部或部分的最终决定。在家庭消费中，根据购买产品的不同，决策者会有所不同。一般来说，决策者是所购产品的直接消费者或家庭中某领域的权威角色。比如，在保险汽车等服务或产品的购买中，丈夫一般是决策者；在洗衣机、家具、厨房用品等家庭用品的购买中，担任决策者角色的往往是妻子；在住宅、度假等产品的消费中，则是丈夫和妻子共同担任决策者。

在企业的营销活动中，决策者这一角色具有十分重要的价值，因为他们直接导致了购买行为的产生。对于广告策划人员来说，广告的重点诉求对象就是决策者，广告表现策略和广告媒介策略均应围绕这类人展开。比如，在家庭消费用品的广告表现中，可以针对家庭成员的不同角色进行有效暗示：谁该负责某一项购买任务，然后将专家的形象赋予其上，最典型的案例就是宝洁的系列产品，如在宝洁的舒肤佳香皂电视广告中，通常选定母亲为购买者，以“爱心妈妈，呵护全家”的形象作为诉求，使一个家庭中的母亲顺理成章地扮演决策者的角色，并捍卫自己的购买决策。

4. 购买者

购买者即直接购买产品的人。通常情况下，决策者做出购买决策后，购买者便会实施购买行为。在个人消费中，决策者和购买者是同一个人，但在家庭消费中，决策者和直接的购买者有可能是不同的家庭成员，由于受购物现场环境的影响（如 POP 广告），购买者有时会临时改变已有决策，现场做出新的购买决策。

5. 使用者

使用者即最终使用、消费产品的人。比如，在儿童食品的购买中，发起购买建议的往往是儿童本人，影响者一般是儿童的父母或周围亲友，决策者和购买者通常是儿童的母亲或父亲，使用者则是儿童自己。产品的使用者是实现消费体验的最终角色，而这种消费体验（如使用后的满意度）会对消费者本人及其他人的消费行为产生影响。在广告表现中，可以专门以使用者的这种使用体验为诉求点，来刺激其他消费者的模仿。

总之，了解消费过程中的主要参与者和他们所起的作用，有助于营销策略和广告诉求策略的制订。营销人员必须识别出谁是真正的决策者，然后针对其开展有目标的营销活动；广告策划人员则应针对不同的角色开展不同的诉求。

（二）消费者的消费需求

在市场营销学中，市场有三大构成要素：人口、购买力、购买欲望与需求，三者缺一不可。在市场营销的 4C 理论中，营销组合完全是以消费者的需求为中心。因此可以说，市场营销的基础就是人的各种欲望与需求。

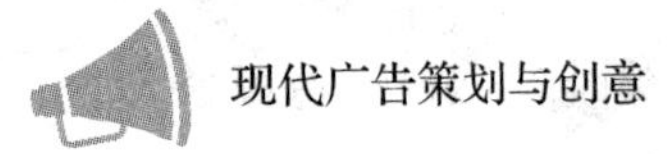

在心理学中，心理学家对人类需求进行了深刻的剖析，其中，对市场营销最有启发意义的就是美国心理学家马斯洛提出的需求层次理论，如图 4-1 所示。

马斯洛认为，人类在不同阶段有不同的需求，这种需求可以划分为五种不同的层次，按其重要程度进行排列，依次是生理需求、安全需求、爱与归属需求、尊重需求和自我实现需求。根据需求层次理论，人们总是首先满足低层次的需求，当低层次需求满足后才会上升到高一层次的需求。

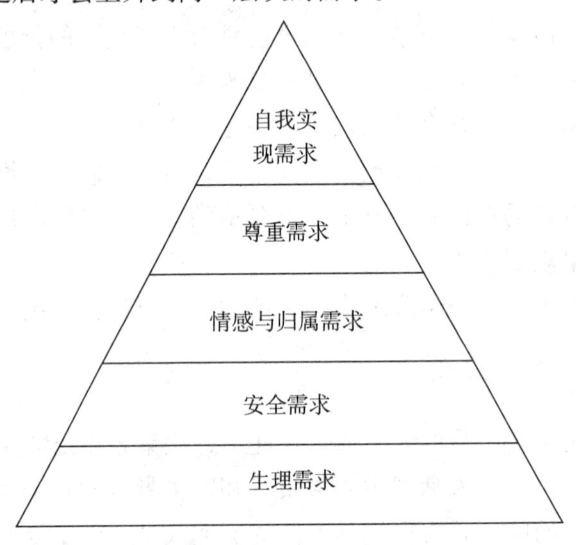

图 4-1　马斯洛需求层次

1. 生理需求

这是维持人类自身生存的最基本需求，主要体现在衣、食、住、行等方面。消费者出于生理需求而购买的产品，包括食品、饮料、服装、药品等，这些产品能否满足消费者的需求，主要体现在产品的功能上。这反映到广告中，就要求广告创意人员尽可能地向消费者传达关于产品的具体使用信息，而避免空洞抽象的诉求。

2. 安全需求

马斯洛所定义的安全需求不仅包括人类身体不受伤害，还包括物品、财产不受损失；不仅表现在对稳定的社会秩序和职业的追求上，还表现在对衰老死亡的恐惧上等。消费者出于安全需求而购买的产品包括保险、养老投资、预防性药物等。

3. 情感与归属需求

在生理与安全需求得到基本满足后，人类就开始追求满足与他人建立融洽关系，并在所属群体中求得一席之地的需求。以情感与归属需求为诉求的产品有娱乐、休闲服务等。

4. 尊重需求

人人都希望自己有稳定的社会地位，要求个人的能力和成就得到社会的认可。尊重需求分为自尊和受人尊重两种。自尊是指一个人希望在各种不同情境中有实力、能胜任、充满自信；受人尊重是指一个人希望有地位、有威信与名望，受到别人的尊重。消费者出于尊重需求购买的产品往往超越产品本身的使用价值，而更多地追求产品的象征意义，如手表、汽车、饰品等产品。在对满足尊重需求的产品开展广告活动时，应注意挖掘产品的象征价值，从而满足该类产品消费者的心理需求。

5. 自我实现需求

这是最高层次的需求，是指实现个人理想、抱负，最大限度地发挥个人潜能，完成与自己能力相称的一切事情。消费者自我实现的需要，体现在其借助某种产品，如教育、运动、美食等充分发挥自己的才华与创造力，开发自己的潜能，追求理想，实现抱负。

马斯洛的需求层次理论为企业营销和广告活动的开展提供了强有力的依据，也为企业进行消费者分析奠定了基础。

二、消费者的消费动因

消费者行为是指消费者为满足个人或家庭生活需要而发生的购买商品的决策或行动。影响消费者购买行为的主要因素有文化因素、社会因素、个人因素和心理因素。

（一）文化因素

文化因素对消费者的行为具有最广泛和最深远的影响。

1. 文化

文化是人类欲望和行为最基本的决定因素。在社会中成长的儿童，通过其家庭和其他主要机构会学到基本的一套价值、知觉、偏好和行为的整体观念。

2. 亚文化

每一文化都包含较小的亚文化群体。这些亚文化群体为其成员提供更为具体的认同感。

3. 社会阶层

社会阶层是在一个社会中具有相对的同质性和持久性的群体，它们是按等级排列的，每一阶层成员具有类似的价值观、兴趣爱好和行为方式。

社会阶层有以下特点：同一社会阶层内的人，其行为要比来自两个不同社会阶层的人的行为更加相似；人们以自己所处的社会阶层来判断各自在社会中占有的高低地位；某人所处的社会阶层并非由一个变量决定，而是受到职业、所得、财富、教育和价值观等多种变量的制约；个人能够在一生中改变自己所处的阶层，既可以向高阶层迈进，也可以跌至低阶层。但是，这种变化的变动程度因某一社会的层次森严程度不同而不同。

（二）社会因素

1. 相关群体

一个人的行为受到许多群体的影响。某些成员群众是主要群体，如家庭、朋友、邻居与同事，他们之间接触频繁并相互影响。人们也从属于次要群体，如宗教、职业和贸易协会，这些一般更为正式，但相互影响较少。此外，人们还受到并不是他们成员的一些群体的影响，如崇拜群体（凡是一个人希望去从属的群体，被称为崇拜群体）、意见带头人等。

2. 家庭

购买者的家庭成员对购买者的行为影响很大。

3. 角色与地位

每个人在各群体中的位置可用角色和地位来确定。

（三）个人因素

1. 家庭生命周期和购买行为

在国外的研究中，家庭生命周期划分为：单身阶段、新婚阶段、满巢阶段Ⅰ（年幼子女不到 6 岁）、满巢阶段Ⅱ（年幼子女超过 6 岁）、满巢阶段Ⅲ（年长的夫妇和尚未独立的子女同住）、空巢阶段Ⅰ（年长的夫妇，无子女同住，户主仍在工作）、空巢阶段Ⅱ（年老的夫妇，无子女同住，户主已退休）、鳏寡阶段Ⅰ（尚在业余工作）、鳏寡阶段Ⅱ（完全退休）等阶段，显然，在各阶段中的购买行为都会有较大差别。

2. 职业

一方面，不同行业的职业收入不同，导致消费者的收入不同，消费水平也各有差异。另一方面，职业会改变一个人的消费观，如销售人员的个性同长期在工厂工作的人的性格就有较大的差异，两者的消费观念也就不同。

一个人所从事的职业也影响其消费模式。

3. 经济环境

人们的经济环境包括：可花费的收入（收入水平、稳定性和花费的时间）；储蓄和资产（包括流动资产比例）；债务；借款能力；对花费与储蓄的态度等。

4. 生活方式

来自相同的亚文化群、社会阶层，甚至来自相同职业的人们，也可能具有不同的生活方式。

5. 个性和自我概念

每个人都有影响其自身购买行为的独特个性。一个人的个性通常可用自信、控制欲、自主、顺从、交际、保守和适应等性格特征来加以描绘。调查发现：某些个性类型同产品或品牌选择之间关系密切。

（四）心理因素

一个人的购买选择受四种主要心理因素的影响。

1. 动机

心理学家已经提出了人类动机理论，最流行的有三种。

（1）弗洛伊德的动机理论。他假定，形成人们行为的真正心理因素大多是无意识的，因此一个人不可能真正懂得其受激励的主要动因。

（2）马斯洛的动机理论。他将人的需求分为由低到高的五层次，即生理、安全、情感与归属、尊重和自我实现。基于不同层次的需求，会导致不同的购买动机。

（3）赫茨伯格的动机理论。他提出了动机双因素理论，即不满意因素和满意因素。该动机理论有两层含义：首先，商家应该尽最大努力消除影响购买者的各种不满意因素，这些因素可能是不符合要求的使用训练手册和不好的产品维修服务政策等。尽管这些事情对产品的出售不起促进作用，但会影响出售的效果。其次，厂商还要仔细识别消费者购买产品的各种主要满意因素和激励因素，并对此深加研究。这些因素还会随着消费者购买产品的不同而发生很大的差异。

2. 知觉

一个被激励的人随时准备行动。而他如何行动，则受他对情况的知觉程度的影响。人们会对同一刺激物产生不同的知觉，这是因为人们会经历三种知觉过程：选择性注意，即人们会更多地注意那些与当前需要有关的刺激物；选择性扭曲，即消费者注意的刺激物，并不一定与原创者预期的相吻合；选择性保留，即人们会忘记他们所知道的许多信息，但他们倾向于保留那些能够支持其态度和信念的信息。

3. 学习

人类行为大多来源于学习。学习论者认为，一个人的学习是通过驱动力、刺激物、诱因、反应和强化的相互影响而产生的。对营销人员来说，可以通过把学习与强烈驱动力联系起来，运用刺激性暗示和提供强化等手段来使消费者建立对产品的需求。

4. 信念和态度

通过实践和学习，人们获得了自己的信念和态度，它们又转过来影响人们的购买行为。

信念是指一个人对某些事物所持有的描述性想法。态度是指一个人对某些事物或观念长期持有的好与不好的认识上的评价、情感上的感受和行动倾向。两者之不同可通过下列的例子来认识。

信念：几份对原产地国家研究的报告发现了如下的现象——对原产地国家的印象因产品而异。消费者注重汽车的原产地，但对润滑油却无所谓。

态度：人们几乎对所有事物都持有态度，如宗教政治、衣着、音乐、食物等。态度导致人们对某一事物产生好感或恶感、亲近或疏远的心情，能使人们对相似的事物产生相当一致的行为。态度是难以变更的。

营销启示：最好使产品与既有态度相一致，即便消费者的某些态度从“现代”或“正统”的角度看上去不尽正确，营销者仍需顺势而为。改变消费者的态度需要时间。

第二节　消费者行为特征

一、消费者和消费者行为

所谓消费者，是指为个人的目的购买或使用商品和接受服务的社会成员。消费者与生产者及销售者不同，他们必须是产品和服务的最终使用者而不是生产者、经营者。也就是说，他们购买商品的目的主要是用于个人或家庭需要而不是经营或销售，这是消费者最本质的一个特点。作为消费者，其消费活动的内容不仅包括为个人和家庭生活需要而购买和使用产品，还包括为个人和家庭生活需要而接受他人提供的服务。但无论是购买和使用商品还是接受服务，其目的只是满足个人和家庭需要，而不是生产和经营的需要。

消费者行为是指消费者为获取、使用、处置消费物品或服务所采取的各种行动，包括先于且决定这些行动的决策过程。消费者行为是与产品或服务的交换密切联系在一起的。在现代市场经济条件下，企业研究消费者行为着眼于与消费者建立和发展长期的交换关系。为此，企业不仅需要了解消费者是如何获取产品与服务的，还需要了解消费者是如何消费产品，以及产品在用完之后是如何被处置的。消费者的消费体验、消费者处置旧产品的方式和感受均会影响消费者的下一轮购买，也就是说，会对企业和消费者之间的长期交换关系产生直接的作用。传统上，对消费者行为的研究，重点一直放在产品、服务的获取上，关于产品的消

费与处置方面的研究则相对被忽视。随着对消费者行为研究的深化，人们越来越深刻地意识到，消费者行为是一个整体，是一个过程，获取或者购买只是这一过程的一个阶段。因此，研究消费者行为，既应调查、了解消费者在获取产品、服务之前的评价与选择活动，也应重视在产品获取后对产品的使用、处置等活动。只有这样，对消费者行为的理解才会趋于完整。

一般来说，消费者行为是由消费者的购买决策与消费者行动两部分组成。消费者购买决策过程是消费者在使用和处置所购买的产品和服务之前的心理活动和行为倾向，属于消费态度的形成过程。消费者行动则更多的是购买决策的实践过程。在现实的消费生活中，消费者行为的这两个部分相互渗透，相互影响，共同构成了消费者行为的完整过程。

二、消费者行为特征

（一）消费者需要的分类方式

如何将消费者的生活需要、其期待获取的利益与产品的消费特征紧密相连？分析以下几个指标，可以加强我们对这一问题的理解。

1. 需要的要素

指消费者所要求的产品价格和性能的整体，即消费者认为一个产品必须包含的特征。“需要”又分为几个类别。

（1）基本需要，指顾客认为产品所应满足自己的内容，如希望吸尘器可以清洁地面。

（2）关联需要，指顾客比较容易提出的需要，往往是现有产品至少可以满足的某种需要，或消费者以为比较容易满足的需求，如希望吸尘器具有清洗地毯的功能。

（3）振奋需要，指那些可以使消费者产生兴奋或惊异的需要，通常是现有产品未满足且顾客也难以想象和描述的需要，如消费者对吸尘器可以消毒的功能感到惊奇和兴奋。

关联需要和振奋需要通常建立在基本需要已获得满足的基础上。产品的任何独特特征，都必须在其基本性能完好的情况下才能成为特色。例如，流线造型、车载卫星定位等，都必须在驾驶设备和发动机没有问题的时候才能为产品增色。

2. 需要的强度

指消费者对任何既定的需要要素的相对需要程度，这一点也可称为重要性。例如，某型号轿车也许外形线条优美，但没有配备优质的安全气囊，显然后者对消费者来说更为重要。

3. 需要的稳定性

指被需要的要素随时间变化而改变的程度。这给出了所设计的产品特征在寿命长短方面的启示。产品是按季节区别设计还是按满足长期需要而设计？这些都会在产品的广告战略上表现出明显的不同。

4. 需要的分布密度

指需要要素在整个人口中被认可的比例。我们可以据此在开发包含某种需要要素的产品特征时，评估其是否拥有足够的需求以获得利润，广告策划人员可以据此安排传播方式。

（二）产品的消费模式差异

根据消费者的购买习惯，可以将消费品进行如下分类：方便品、选购品、特殊品和非渴求品。它们各有特点。

1. 方便品

方便品是指消费者经常购买或随时购买，购买时几乎不做深度比较和分析的商品。方便品可以划分为日用品、冲动品和应急品三种类型。日用品是消费者经常购买的产品，如牙膏、一般护肤品、洗衣粉等；冲动品是消费者没有经过计划或寻找就会购买的产品，这类产品到处都能见到，如口香糖、杂志、电池等；应急品是消费者在需求十分紧迫的时候购买的产品，如下雨时购买雨伞、降温时购买厚衣物等。

2. 选购品

选购品是指消费者在选购的过程中要对产品的品牌、适用性、质量、价格和式样等基本方面进行有针对性的比较的产品，包括服装、家具等品类的产品。

选购品包括同质品和异质品两类。在消费者的眼中，同质品的质量、特点均相似，所以有必要在价格方面进行选择；而异质品则往往在产品的特色方面可以进行比较和选择，如服装。

3. 特殊品

特殊品是指具有独特特征或品牌标记的产品，对于这些产品，有相当多的消费者都愿意为其特殊性而购买，如珠宝、摄影器材、高级音响、高档男装等。对于特殊品的购买，消费者不需要过多地进行商品或品牌间的比较，他们往往肯为了产品的某一特殊性而不惜排除所有其他的选择，不惜远道去购买它。

4. 非渴求品

非渴求品是指消费者很少听说或者即使听说过一般也不会主动去购买的产品，如人寿保险、墓地等商品。非渴求品的特性决定了其推销员和广告必须做出大量的营销努力，才可能使消费者产生购买的欲望。

（三）影响消费模式的产品特质

消费者会以不同的购买方式采购各种不同的产品，这些采购形态常与产品本身所固有的以下几种特质有关：

●产品所处的不同生命周期阶段；
●产品购买的难度及所需的信息量；
●产品是否是新产品及是否有创新；
●错误消费某类产品时后果的严重程度；
●产品的品质是否已确立及是否可靠；
●产品的单位体积和重量；
●产品保质时间的长短；
●产品的价格高低；
●产品的差异化程度；
●新产品推出的速度。

第三节　广告对消费者的心理影响

一、广告的心理功能

广告的心理功能是指广告的基本作用和效能，也就是广告对消费者所产生的作用和影响。国际商界流传着这样一句话："推销商品而不做广告，犹如在黑暗中送秋波。"这足以体现广告在促销组合中的重要作用。作为促成企业与消费者之间联系的重要媒介，广告除了具有传播信息、促进生产、加速流通、引导消费、丰富社会文化生活等一般功能以外，从消费者心理与行为的角度看，广告还具有以下心理功能。

（一）认知功能

广告向消费者公开传递有关商品的商标、品牌、性能、质量、用途、使用和维护方法、价格、购买的时间、地点，以及服务的内容等信息，使消费者对其有所认识，并在头脑中形成记忆。由于广告媒体采用了多种传播渠道和传播形式，能够打破时间、空间的局限，及时、准确地将商品及劳务的信息传输给不同地区和不同层次的消费者，广泛影响消费群体。

（二）诱导功能

广告的诱导功能有两层含义：一是优秀的广告能够唤起消费者美好的联想，给消费者以某种美的享受，从而改变其对商品的原有偏见或消极态度，激发其购买的动机；二是制作精良的新产品的广告能够迅速引起消费者的注意，进而激发其对新产品的兴趣和向往，从而形成新的消费需要，促进购买。

（三）教育功能

质量上乘的广告以其科学、文明、健康、真实的内容与表现形式，一方面可使消费者增加相关商品知识，掌握正确的选购和使用知识，引导消费者树立合理的消费观念；另一方面，设计巧妙的广告还通过各种各样的艺术表现形式，使消费者在获得信息的同时丰富精神文化生活，得到美的享受。在现代生活中，广告已经成为人们经济文化生活的一部分，可以说是一种雅俗共赏、一举多得的美育方式。

（四）便利功能

现代的商品社会中，商品的种类和数量不计其数，新产品日新月异，完全替代和半替代产品荟萃云集。如果没有广告，消费者面对众多的商品将手足无措。而广告通过各种广告媒体，及时、反复地传播商品或服务的信息，便于消费者收集有关资料。广告还有助于消费者对各种商品进行较为充分和有效的比较，为购买决策提供充分依据，从而替消费者节约购买时间，减少购买风险。

（五）促销功能

在市场营销学中，广告是作为促销组合的一个重要且不可缺少的因素而存在的。广告通过对商品或服务的宣传，达到诱导消费者注意和产生购买动机的目的，从而导致购买行为的实现，进而实现促销目标。

总之，广告的心理功能存在于多个方面，只有全面认识并充分发挥其各种功能，才能使广告达到其预期的心理效果。

二、广告对消费者的心理作用过程

（一）引起注意

注意是人们对一定事物的指向和集中，是广告心理过程的起点。广告能否引起人们的注意，是能否取得预期效果的基础。注意是产生购买行为的先决条件。广告所提供的信息应具备以下特性。

1. 信息的刺激性

人们每天通过各种媒体可接触到成百上千的广告信息，这些信息中的大部分都被忽略了，据研究只有其中约 5% 的信息才能引起人们的注意。这些引起注意的信息首先是对人们的感官有较强的刺激，从而引起人们无意或有意的注意。刺激性强的广告信息的特征是具有变化性。例如，表演展示中活动模特身上穿的服装就比橱窗中挂着的服装更容易引起人们的注意。

2. 信息的趣味性

人们对有趣味的信息会表现出兴趣，更加注意。

据统计，美国某刊物的广告阅读者中，男性读者阅读汽车广告的比例比阅读女士服装广告的要高出四倍，而女性读者阅读女士服装和电影广告的比例比阅读旅游广告和男士服装广告的要多出一倍。这是出于男性、女性读者对不同种类物品的兴趣具有明显差异的缘故。

3. 信息的有用性

凡是能够帮助人们做出满意购买决策的信息，就是有用的信息，尤其是当商品的价格比较高，人们对它又不熟悉的时候，这一点就显得更为关键。

（二）增强记忆

记忆是以往经历过的事物在人头脑中的反映。记忆有助于人们加深对广告商品的认同。广告能否在受众心目中留下深刻的记忆，受到以下因素的影响。

1. 重复程度

心理学家研究证明，人的感觉记忆时间很短，只能保持 0.25 ～ 2 秒。受到注意的感觉记忆可转化为短时记忆。短时记忆的时间略长于感觉记忆，但最长也不超过 1 分钟，容量只不过有 7 ± 2 个记忆单位。重复可以使短时记忆转化为储存时间超过 1 分钟的长时记忆。多次的重复可以使人对所接触到的信息在头脑中留下深刻的印象，直至保持终身的记忆。

2. 形象化程度

一般来说，直观的、形象的、具体的事物比抽象的事物容易给人留下印象，加深记忆。直观形象是人们认识事物的起点，它有助于掌握事物的概貌，使人一目了然，增强知觉度，提高记忆效果。图文并茂、色彩绚丽的画面能比光有文字的页面给人以更深的印象，原因就在于它的具体视觉形象所起到的独特作用。

（三）产生联想

广告在人们心理活动过程中的作用还表现在联想上。联想是由一事物的经验想起另一事物的经验，它包括四种类型。

1. 接近联想

在空间或时间上相接近的事物形成接近联想。比如，由磁带可以联想到录音机、录像机，由火柴可以联想到香烟、煤气灶。

2. 相似联想

对一事物的感知或回忆引起的和它在形状上或性质上类似的事物的回忆，形成相似联想。例如，看到乒乓球，可联想到排球、足球。

3. 对比联想

由某一事物的感知或回忆引起和它具有不同特点、相反特点或某些性质的事物的回忆，叫作对比联想。比如，由我国乒乓球运动的长盛不衰可以进一步联想到足球运动发展的困惑迷茫。

4. 关系联想

由事物之间的各种联系而产生的联想即关系联想。比如，由太阳可以想到温暖，由茶叶、咖啡联想到提神、醒脑。

广告使受众产生何种联想，主要受两个方面的影响：一是联系的强弱，二是人们的定向兴趣。人们的社会背景、风俗习惯、文化特征、经济地位各不相同，由此形成的欣赏水平和审美要求也不尽一致，因此要针对不同的受众，采用为他们所喜闻乐见的、能产生积极联想效果的广告表现手法。

（四）诱发情感

顾客在购买活动中，情感因素对最终购买决策起着至关重要的作用。情感是客观对象与主体需要之间关系的一种反映，是与人类历史进程所产生的社会性需要相联系的体验。广告在引起注意、增强记忆、引发联想的过程中，注重艺术感染力，讲究人情味，就能诱发人们积极的情感，抑制消极的情感。一般来说，积极的情感有利于强化购买欲望，坚定购买信心。符合自己的需要，顾客会感到喜欢；不能满足自己的愿望，顾客会感到失望。只有那些与顾客需求有关、能满足顾客需要的商品，才能引起人们积极的情感体验，然后成为产生购买行为的动力。因此，绝对不能认为仅仅增加广告的频度就可激发顾客的购买欲望。

第五章 广告效果测评

第一节 广告效果的含义与广告效果测评的作用

一、广告效果的含义

广告效果是广告作品通过广告媒体传播之后所产生的作用，或者说，在广告活动中消耗和占用社会劳动而得到的有用效果。

广告主利用媒介传播某个广告，不但会给消费者带来多种影响，还会给企业带来某些经济效益，同时，也给社会环境带来文化上的影响，这些都可称为广告效果。它主要表现在以下四个方面：①广告经济效果，指广告促进产品销售和利润增加的程度；②广告传播效果，指具有说服动机的广告信息对受众心理、态度和行为的影响；③广告心理效果，指广告对消费者的心理反应所产生的影响的程度；④广告社会效果，指广告对社会文化、教育等方面所起的作用。通常我们所说的广告效果主要指广告的经济效果。因为广告的心理效果和社会效果最终都要反映到其经济效果上来，因此，广告经济效果是广告效果的最基本要求和体现。广告活动是一项复杂的系统工程，广告效果的取得有多方面的影响因素，这就决定了广告效果具有复杂的特性。而要对广告效果有清晰的把握并进行科学合理的测评，必须了解广告效果的基本特性。具体来说，广告效果的特性主要表现在以下七个方面。

（一）累积性

广告信息从被接受到形成刺激，促使消费者改变态度并有所行动，这一系列效果的产生，多数情况下并不是一次、一时或一种信息和媒体作用的结果，而是广告信息的多次重复，造成累积效果的体现。这种累积，一是时间接触的累加，通过一段时间持续不断的多次刺激，才可能产生影响，出现反应；二是媒体接触的累加，通过多种媒体对同一广告的反复宣传，才能加深印象，产生效应。

目前，持续播放是广告的主要趋势之一，通过大信息量、高频度的广告，将产品的概念、机理、利益持续地对消费者进行灌输，促使目标消费者采取购买行动，这即是广告效果的累积效应。

（二）复合性

广告是一种综合的、复杂的信息传播活动。广告宣传活动由于媒体不同，形式也多种多样，同时它又受到企业其他营销活动、同业竞争广告和有关新闻宣传活动的影响，因此，广告效果呈现出复合性。在测评广告效果时，要分清影响或决定广告效果的主要因素，以确保测评的客观性与真实性。

累积性和复合性是广告效果的两个最基本的特点。以这两点为基础，又可以细分出广告效果的其他一些特点，如滞后性、间接性等。

（三）滞后性

广告对媒体受众的影响程度，由于受到其所处的社会、经济、文化、时空等多种因素和条件的影响与制约，有的媒体受众可能反应快一些，有的媒体受众可能反应慢一些；广告对目标受众的影响有的可能是惯性的、继起的；有的则可能是间断的、滞后的。除特定场合外，大部分广告传达的信息转瞬即逝。滞后性使广告人首先要把握广告产生作用的周期，准确地确定广告效果发生的时间间隔，区别广告的即时性和滞后性，继而准确地预测某次广告活动的效果。

（四）层次性

广告效果不仅仅指整个活动的最终结果，而且呈现多层次的结构，既有经济效果、心理效果和社会效果之分，又有即时效果、近期效果和长期效果之别，只有将它们很好地综合起来，才能有利于广告产品的销售，以及良好企业形象与品牌形象的塑造。

（五）竞争性

广告是市场竞争的重要手段，广告的竞争性是指广告主向消费者推介产品以取代竞争者的产品。广告的竞争性强，影响力大，才能加深广告产品和企业在消费者心目中的印象，争取到消费者，扩大市场份额。当竞争对手制造强大的广告

攻势，转移了消费者的视线时，本企业的广告效果就会被削弱，企业就需要付出更高的代价来巩固市场地位。

（六）间接性

广告效果的间接性表现在两个方面：一方面，受广告宣传影响的消费者，在购买某企业产品之后的使用或消费过程中，会对产品的质量与功能有一个较全面的认识，如果产品质量上乘且价格合理，消费者就会对该品牌产品产生信任感，就会重复购买；另一方面，对某一品牌产品产生信任感的消费者会把该品牌推荐给亲朋好友，从而间接地扩大了广告效果。

（七）两面性

所谓广告效果的两面性，是指广告的宣传效果既有促进产品销售增加的功能，也有延缓产品销售量下降的功能。当市场出现疲软，或产品进入衰退期时，广告效果就表现为减缓产品销售量的急速下降。在测定与评估广告效果的时候，必须充分分析市场的状况及产品的生命周期，只有这样才能较客观、全面地测评广告效果。

了解以上广告效果的七个特性，有助于我们更加准确地制订广告战略和策略，以争取理想的广告效果；也使我们更加科学、合理地测评广告效果，保证广告活动持续有效地开展。

二、广告效果测评的作用

随着市场竞争的日益激烈，广告主投入广告活动中的费用也愈来愈大。但是，在这个信息爆炸的社会，能够对消费者产生影响的广告信息越来越有限，经常有广告主说："我知道我有一半的广告费被浪费掉了，但是我不知道被浪费掉的是哪一半。"于是，他们对广告效果的测评更为重视，广告公司也把测评广告效果作为广告活动的重要组成部分。那么广告效果测评的具体作用有哪些呢？对于产品和企业的意义又是什么呢？

广告效果测评的作用和意义在于检测在品牌建立之路上的每一阶梯中的广告攻势目标是否达到，以及分析阻碍达成的可能原因。

（一）认识品牌

消费者认识品牌的重要手段是广告。广告效果评估在这一阶段的主要任务是检查广告的认识率是否达到预定的目标。如果未能达到预期的认识率目标，可能的原因是多方面的，可利用广告效果主体调查的结果来帮助分析。认识率偏低可能是由于广告播放的时间段不正确而造成的，这时只需根据研究的结果来检查目标受众的媒介习惯，看看广告投放的时间段与目标受众接触媒体的时间段是否一致。若怀疑认识率偏低是由于投放渠道错误导致的，只需要检查一下目标受众认识品牌的渠道即可。如果品牌管理者担心认识率偏低是由于投放量不够而引起的，也可以验证。比如，检查对手的广告投放量与认识水平，对比其他类似的广告投放量与认识水平等都可以提供有力的佐证。

（二）品牌记忆

品牌在消费者心目当中所占据的地位就是品牌记忆。这里广告效果测评要研究三个竞争性的指标：提及率、无提示下的认识率及提示后的认识率。

假如到达率很高但第一提及率及无提示下的认识率相对偏低，说明该广告在吸引消费者的兴趣方面表现欠佳。广告公司和广告主应认真反思一下广告的制作。

假如到达率不高，但第一提及率及无提示下的认识率相对偏高，说明该广告版本本身不错，但可能投放量或者是投放策略有问题。

（三）建立好感

消费者对一个品牌建立好感是产生购买行为的前奏。广告必须能建立消费者对品牌的好感，只有这样消费者才会愿意接近或尝试该品牌。广告效果评估通常会从以下两个方面来评估广告对建立品牌好感的贡献。

消费者只会选择自己感兴趣的广告信息，所以，广告效果测评应研究到底消费者从广告中捕捉到了哪些信息，从这里广告主和广告公司可以分析到原本想方设法想表达的是否被消费者所理解和吸收。

广告效果评估还应提供一个衡量消费者对品牌态度的尺度。这个尺度的一端是对品牌完全陌生，另一端是对品牌非常忠诚。一个成功的广告攻势应该是能够不断地把品牌从低端推向高端。

（四）驱动购买

广告的终极目的是引导受众购买产品。广告攻势的效果测评会调查消费者最近和预期的购买行为，分析购买行为与广告投放的互动关系。当然，这里要涉及的因素就会复杂得多，如通路铺货、销售员的表现、价格等。

广告必须具有驱动购买的能力，利用广告攻势效果调查的结果，可以做购买与接收信息之间的相关分析，掌握哪些信息是驱动购买的关键所在，以指导下一步的广告策略。

综上，广告活动的效果测评对于广告攻势的成功与否可以有非常大的帮助，通过研究和测评目标消费群体关注媒体的习惯，选择适当的发布时机、发布量和发布时段，可以让广告更加直接有效。广告效果测评对于企业开发成功的广告、有效运用广告费、提升产品或品牌形象、促进销售等都具有重要的意义，如减少不确定性因素、提高广告开支的效率、减少浪费等。

第二节　广告效果测评的内容与程序

一、广告效果测评的内容

（一）广告经济效果的评估

广告最基本的功能之一便是扩大销量、增加企业利润，与之对应实现广告这一基本功能的是广告的经济效果。广告经济效果是广告活动最直接的目的，也是广告效果最终的体现。广告经济效果测评指标主要表现在以下三个方面。

1. 广告费用指标

广告费用指标用以表示广告费与销售额之间的对比关系，包括销售费用率和利润费用率。

2. 广告效益指标

广告效益指标用以表明广告计划期内，每支出单位价值的广告费能使销售额或利润额增加的数量，包括广告销售效益（单位费用销售增加额）和广告利润效益（单位费用利润增加额）。

3. 市场竞争力指标

市场竞争力指标一般通过市场占有率和市场占有提高率来反映。市场占有率是企业某种产品在一定时期内销售量占市场同类产品销售总量的比率。

（二）广告传播效果的评估

在广告研究中，广告传播效果通常是指具有说服动机的广告信息对受众心理、态度和行为的影响，即广告传播活动在多大程度上实现了广告目标，同时也包括广告信息带来的一切影响和后果，这种后果可能是广告所期望的方向，也可能是远离广告传播的目标。它既可能是积极的，也可能是消极的；既可能是显现的，也可能是潜在的。

广告传播效果的测定主要包括广告表现效果和媒体接触效果的测定。

1. 广告表现效果的测定

广告表现效果的测定其实就是对广告作品的测评。广告作品的测评就是对广告主题（“说什么”）和广告创意（“怎么说”）进行评价分析。

2. 广告媒体接触效果测定是调查消费者对各种媒体的接触情形

广告活动要想取得良好的传播效果，往往不能只依赖于一种媒体，而需要进行不同类型媒体的组合。具体的测评内容主要有：广告媒体选择是否正确、是否形成合力、能否被所有的消费者接触到；不同媒体的传播优势是否得到互补，重点媒体与辅助媒体的搭配是否合理；媒体覆盖的集中点是否与广告的重点诉求对象一致；媒体的一些主要指标如阅读率、视听率近期有无变化；媒体组合的整体传播效果如何，是否降低了相对成本；所选择的媒体是否符合目标消费者的接触习惯及其产生的影响力。

（三）广告心理效果的评估

1. 对广告心理效果评估的理解

广告的作用在于引起消费者注意，并引发其心理变化，进而激发购买欲望，直至采取购买行动。一则广告的目的并不一定是直接获得销售效果，有时是为引起消费者的心理变化，改变消费者对品牌的态度，提高消费者对品牌的认知度、好感度，直至对品牌的忠诚度。因此，广告信息被目标消费者接触后，大多数并不能够立即直接导致购买行为的产生，却能够使消费者心理发生某些变化，这些心理变化同样是广告效果的体现。

2.DAGMAR 理论

1961 年，美国广告学家拉塞尔 · H. 科利在他著名的《根据广告目标测定广告效果》一书中指出，所谓的广告效果，是在信息传播过程中发生的，应以信息传播影响消费者心理变化的过程为视点，来考察分析广告效果的发生过程，这个理论简称 DAGMAR 理论。该理论把广告目标限定在传播的范围内，设定广告传播目标为认知、理解、确信、行动四个阶段，如表 5-1 所示。

表5-1　DAGMAR信息沟通过程

信息传播阶段	消费者的表现
认知	消费者知晓品牌名称
理解	获悉该产品的功能、特色，予以理解
确信	建立选择这一品牌的信念
行动	产生希望得到产品说明书等有关资料、愿意参观本产品的展览会、到商品经销店考察等行动

（四）广告社会效果的评估

1. 对广告社会效果的理解

广告对特定社会经济的协调发展、社会道德、价值观念及生活方式的养成具有重要的影响力。一则广告有可能立即产生轰动的社会效果，也可能潜移默化地影响社会的各种道德规范或行为规范，所以测定广告效果，除了要衡量其经济效果、传播效果和心理效果外，还需要考察广告的社会效果。

2. 广告社会效果评估的依据

测定广告所产生的社会效果，应进行综合考察评估。其基本依据是一定社会意识条件下的政治观点、法律规范、伦理道德和文化艺术标准。

（1）真实性。广告所传达的信息内容必须真实，这是测定广告社会效果的首要方面。广告产生的影响和发挥的作用应该建立在真实的基础上，向目标消费者实事求是地诉求企业和产品的有关信息。企业的经营状况、产品的功效性能等都要符合事实的原貌，不能虚假、有误导性。广告诉求的内容如果造假，那所形成的社会影响将是非常恶劣的。这不仅是对消费者利益的侵害，而且反映了社会伦理道德和精神文明的水平。而真实的广告，既是经济发展、社会进步的再现，也体现了高尚的社会风尚和道德情操。所以，检测广告的真实性，是考察广告社会效果的最重要内容。

（2）法规政策。广告必须符合国家和政府的各种法规政策的规定和要求。以广告法规来加强对广告活动的管理，确保广告活动在正常有序的轨道上运行，是世界各国通行的做法。法规管理和制约，具有权威性、规范性、概括性和强制性的特点。

（3）伦理道德。在一定时期、一定社会意识形态和经济基础之下，人们要受到相应的伦理道德规范方面的约束。广告传递的内容及所采用的形式，也要符合伦理道德标准。符合社会规范的广告也应是符合道德规范的广告。一则广告即使合法属实，但也可能给社会带来负面影响，给消费者造成这样或那样的包括心理和生理上的损害，这样的广告就不符合道德规范的要求。例如，暗示消费者盲目追求物质享受，误导儿童攀比摆阔等。广告的社会效果要从能建设社会精神文明的高度来认识，从有利于净化社会环境、有益于人们的身心健康的标准来衡量。

（4）文化艺术。广告活动也是一种创作活动，广告作品实际上是文化和艺术的结晶。从这方面对广告进行测评，由于各种因素的影响，不同地区、民族所体现的文化特征、风俗习惯、风土人情、价值观念等会有差异，因而也有着不同的评判标准。总的来看，广告应该对社会文化产生积极的促进作用，推动艺术创新。一方面要根据人类共同遵从的一些艺术标准；另一方面要从本地区、本民族的实际出发，考虑其特殊性，进行衡量评估。在我国，要看广告诉求内容和表现形式能否有机统一，要看能否继承和弘扬民族文化、体现民族特色、尊重民族习惯等；要看所运用的艺术手段和方法是否有助于文化建设，如语言、画面、图像、文字等表现要素是否健康、高雅；同时也要看能否科学、合理地吸收、借鉴国外先进的创作方法和表现形式。

二、广告效果测评的程序

为了确保广告效果测评高效地完成，保证结果的质量，必须加强组织工作，合理安排广告效果测评程序。广告效果测评的程序可以划分为确定效果测评的具体问题、收集有关资料、整理和分析资料、论证分析结果以及撰写测评分析报告五个步骤。

（一）确定效果测评的具体问题

由于广告效果具有层次性的特点，因此测评研究问题不能漫无边际，应该事先决定研究的具体对象，以及从哪些方面对该问题进行剖析。广告效果测评人员要把广告主在广告宣传活动中存在的最关键和最迫切需要了解的效果问题作为测评的重点，设立正式的测评目标，选定测评课题。

广告效果测评课题的确定方法一般有两种：一种是归纳法，即了解广告主广告促销的现状，根据广告主的要求确定分析研究的目标；另一种是演绎法，其基本思路是根据广告主的发展目标来衡量企业广告促销的现状，即广告主发展目标—企业广告促销现状—企业广告效果测评。

（二）收集有关资料

这一阶段主要包括制订计划、组建调查研究组和收集有关资料等内容。

1. 制订计划

根据广告主与测评研究人员双方的洽谈协商，广告公司应该委派课题负责人，写出与实际情况相符的广告效果测评工作计划。该计划内容包括课题进行步骤、调查范围与内容、人员组织等。如果广告效果测评小组与广告主不存在隶属关系，就有必要签订有关协议。按照测评要求，双方应在协商的基础上就广告效果测评研究的开始时间、目的、范围、内容、质量要求、完成时间、费用酬金、双方应承担的权利与责任等内容订立正式的广告效果测评调查研究合同。

2. 组建调查研究组

在确定广告效果测评课题并签订测评合同之后，测评研究部门应根据广告主所提课题的要求和测评调查研究人员的构成情况，综合考虑，组建测评研究组。测评研究组应是由各类调查研究人员组成的优化组合群体，应做到综合、专业测评人员相结合，高、中、低层次测评人员相结合，理论部门、实践部门专家相结合，老、中、青年龄段测评人员相结合。在课题组的组建中，应选择好课题负责人，然后根据课题的要求分工负责，群策群力地进行课题研究，只有这样才能产生高质量的测评成果。

3. 收集有关资料

广告效果测评研究组成立之后，要按照测评的要求收集有关资料。企业外部资料主要是与企业广告促销活动有联系的政策、法规、计划及部分统计资料、企业所在地的经济状况、市场供求变化状况、主要媒体状况、目标市场上消费者的媒体习惯，以及竞争企业的广告促销状况。

企业内部资料包括企业近年来的销售、利润状况，广告预算状况，广告媒体选择情况等。

（三）整理和分析资料

整理和分析资料，即对通过调查和其他方法所收集的大量信息资料进行分类整理、综合分析和专题分析。资料分类整理的基本方法有按时间序列分类、按问题分类、按专题分类和按因素分类等。

在分类整理资料的基础上进行初步分析，找出可用于广告效果测评的资料。

分析方法有综合分析和专题分析两类。综合分析是从企业的整体出发，综合分析企业的广告效果，如广告主的市场占有率分析、市场扩大率分析和企业知名度提高率分析等；专题分析是根据广告效果测评课题的要求，在对调查资料汇总以后，对企业广告效果的某一方面进行详尽的分析。

（四）论证分析结果

论证分析结果，即召开分析结果论证会。论证会应由广告效果测评研究组负责召开，邀请社会上有关专家、学者参加，广告主有关负责人出席，运用科学方法，对广告效果的测评结果进行全方位的评议论证，使测评结果进一步科学合理。常用的论证评议方法有以下两种。

1. 判断分析法

由测评研究组召集课题组成员，邀请专家和广告主负责人员参加，对提供的分析结果进行研究和论证，然后由主持人集中起来，根据参加讨论人员的身份、工作性质、发表意见的权威程度等因素确定一个综合权数，提出分析效果的改进意见。

2. 集体思考法

由测评研究组邀请专家、学者参加，对广告效果测评的结果进行讨论研究，发表独创性意见，尽量使会议参加者畅所欲言，集体修正，综合分析，并认真做好分析记录，以便会后进行整理。

（五）撰写测评分析报告

广告策划者要对经过分析讨论并征得广告主同意的分析结果进行认真的文字加工，写成分析报告。企业广告效果测评分析报告的内容主要包括以下几个方面。

（1）序言

阐明测评广告效果的背景、目的与意义。

（2）广告主概况

说明广告主的人、财、物等资源状况，广告主广告促销的规模、范围和方法等。

（3）广告效果测评的调查内容、范围与基本方法。

（4）广告效果测评的实际步骤。

（5）广告效果测评的具体结果。

（6）改善广告促销的具体意见。

第三节　广告效果测评的方法

一、广告经济效果的测评

广告的经济效果是广告活动最佳效果的体现，集中反映了企业在广告促销活动中的营销业绩。广告经济效果测评是衡量广告最终效果的重要环节。广告的经济效果除了可以进行定性研究之外，更多的是利用某些指标进行定量分析。

整个广告经济效果的测评包括事前测评、事中测评及事后测评三个部分。

（一）广告经济效果的事前测评

事前测评，可以深入研究消费者的购买动机与购买欲望。当消费者对产品的认识不清或当某类产品的某种特殊性能尚未被人们所注意时，就要利用广告的事前测评来衡量信息在传播过程中可能引起消费者什么样的反应，并采取相应行动。事前测评主要采用销售实验法，也就是说，模拟一个销售环境，通过实验的方法来检验广告的效果。销售环境有多种模式。

（1）利用推销员或导购员在商场等地进行产品宣传活动，散发产品说明书，免费赠送小包装等。这种广告宣传可直接导致产品销量的变化，可以促进广告质量的提高。

（2）通过可视媒体，将录制好的广告内容在典型的购物环境中播放，观察其所造成的销售效果。

（3）将同类产品的包装及商标去掉，在每种产品后安放一则宣传广告和说明的卡片，观察每种产品的销售情况，哪种产品销量明显增大，说明这种产品的广告宣传效果好。

销售实验法的优点在于顾客有目的地购买产品，因此，广告宣传的效果测评能够反映出真实的数据。缺点是评价方法和结果比较粗糙、笼统，很难分辨清楚广告事前测评所带来的销售效果变化究竟是环境模拟的原因、产品本身的原因，还是各种广告宣传的原因；如果是广告引起促销，究竟是广告标题、文字还是图像的作用。销售实验法无法回答这些问题。这种方法只能初步判断广告质量的优与劣。

（二）广告经济效果的事中测评

广告经济效果的事中测评，主要是为了检验广告战略、广告策划的执行情况与实际情况的吻合程度，以便能够及时发现问题并予以纠正。广告经济效果事中测评的方法主要有销售地区实验法、分割测评法及促销法等。

1. 销售地区实验法

销售地区实验法又叫市场实验法。这种方法的原理是实验法，只不过将室外环境作为实验室罢了，其目的就是直接测算销售效果。销售地区的测评，首要的问题就是选择的测评市场必须大到足以合理地代表大规模市场的程度。同时，测评时间也应长到足以初步核对产品的营销路线，核对竞争者或同业进货及陈列的程度。并且测评时应有足够的时间来评估消费者受广告影响后，从试用到重复购买的过程。广告活动展开后，先选定一两个试验销售区（实验组）推出广告，控制销售区并不推出广告（控制组），实验销售区与控制销售区要具有大体相同的环境条件。

将实验销售区与控制销售区在广告活动前后的销售量加以统计比较，便可以测评出广告效果。

这种方法的优点是能够比较客观地检测销售效果，从而可以间接地测评出广告的相对效果。这种方法尤其适合周转率较高的产品。由于广告效果具有累积性、滞后性的特点，广告导致销售反应不可能在短期内出现，这样广告效果的检测时间不易确定，容易导致或者反映出不真实的广告效果，或者由于检测时间长而错过了广告活动全面展开的有利时机。

2. 分割测评法

它是回函测评法的分支，属于邮寄调查的范围。它比回函测评法更加复杂和严格，目的是检测同一媒体上唯有某一因素不同的广告效果。具体做法：上面编好号码，一则广告刊登在报纸或杂志的一半版面上，另一则广告刊登在同期的另一半版面上，然后将两者以同等数量寄给读者，读者中有一部分人可以看到第一则广告，而另一部分人可以看到第二则广告，然后通过回函统计后就可以测评出哪种广告效果更好。

这种方法的优点是检测对象比较明确，检测的条件比较一致，回函率较高。缺点是承担机械分刊印刷的媒体十分有限，而且费用较高；另外，由于读者对象的成分十分复杂，有时两部分杂志的读者的条件很难对等，甚至可能大相径庭，如一半杂志正好全部发行到了城市，而另一半杂志则发行到农村，这就会影响到资料的准确性。

3. 促销法

选择两个区域市场，第一个市场只发布广告，停止一切促销活动；第二个市场既发布广告，又进行各种促销活动。经过一段时间，将两个市场的销售量进行比较，测出广告效果在促销活动中所占的比重。

（三）广告经济效果的事后测评

广告效果的事后测评是指在整个广告活动之后所作的效果评估。广告效果事后测评是评价和检验广告活动的最终指标。

常用的事后测评广告经济效果的方法主要有以下几种。

（1）广告费用比率法。计算公式如下：

$$广告费用比率=\frac{本期广告费用总额}{本期广告后销售额}\times 100\%$$

从公式可以看出，广告费用比率越小，广告的经济效果越好。

（2）广告效果比率法。计算公式如下：

$$广告效果比率=\frac{本期销售额增长率}{本期广告费用增长率}\times 100\%$$

从公式可以看出，广告效果比率越大，广告费用增长率越小，广告的经济效果越好。

（3）广告效益法。计算公式如下：

$$每元广告效益=\frac{本期广告后的销售量-未做广告前的销售量}{广告费用总额}\times100\%$$

（4）广告效果系数法。计算公式如下：

$$AEI=\frac{1}{n}\left\{a-(a+c)\times\frac{b}{b+d}\right\}\times100\%$$

式中：

a——看过广告而购买的人数；

b——未看过广告而购买的人数；

c——看过广告但未购买的人数；

d——未看过广告且未购买的人数；

n——被调查的总人数。

例如：某企业为提高产品销量，共做过两次广告活动，每次广告活动之后，经调查所得的资料分别如表 5-2 和表 5-3 所示。

表5-2　第一次广告活动之后

单位：人

	看过广告	未看过广告	合 计
购买广告商品	52	28	80
未购买广告商品	70	50	120
合 计	122	78	200

表5-3　第二次广告活动之后

单位：人

	看过广告	未看过广告	合 计
购买广告商品	69	15	84
未购买广告商品	80	36	116
合 计	149	51	200

$$AEI_1=\frac{1}{200}\left\{52-122\times\frac{28}{78}\right\}\times100\%=4.1\%$$

$$AEI_2=\frac{1}{200}\left\{69-149\times\frac{15}{51}\right\}\times100\%=12.59\%$$

由上看出，第一次的广告效果指数为 4.1%，第二次为 12.59%，第二次的广告效果显然比第一次的好。

二、广告传播效果的测评

据前文所讲，我们知道广告传播效果的测评主要包括对广告表现效果和媒体接触效果的测评。

（一）广告表现效果的测评

对广告表现效果进行测评。经常采用的测定方法有直接反应法和室内测定法。

1. 直接反应法

在广告刊播之前，广告创作人员可对同一商品制作多份广告原稿，然后邀请预定的诉求对象，对不同的广告原稿进行评价鉴定。一般有两种方法，一种是消费者评定法，即由消费者进行评判或比较，测验出哪一种广告所引起的反应最大、印象最深；另一种是采用要点采分法，即预先根据测评的要求列出评价项目，制成表格，请消费者在表上给各个广告稿打分，以此测定消费者对各个广告稿的印象，确定优劣。

2. 室内测定法

这种方法又叫雪林测试法，是以开发这种调查法的雪林调查公司名称命名的测试方法。这种方法是邀请代表性的观众持票入场，挑选自己喜欢的商品观看广告，在广告播放后重新挑选商品，通过两次挑选的结果和变化判断哪一个广告效果较好。在此过程中还可以对观众进行提问，测试观众对广告作品的记忆度，测试主要在室内进行，有两种形式。

第一种是节目测验。比如，召集约300名代表到场，在主持人说明测验方法后，请观众对被测节目按个人意见评分，评分标准分为有趣、普通、无趣三种程度，接着请观众具体说明喜欢或者厌恶哪一节目或节目的哪一部分，以及喜欢和厌恶的原因。节目的评判要素主要有四项，即亲近、接近、气氛、强调的方向，通过进一步询问可以征得观众对节目进行改进的具体意见和建议。最后对测试结果进行统计分析，作为今后改进节目内容或形式的重要参考和依据。

第二种是广告测验，召集有代表性的观众到戏院或摄影棚，让他们欣赏包括所要测验的广告在内的各种广告影片。入场者需要持票入场，根据票号选择自己喜欢的商品广告观看。所供观看的商品广告中，既有被测的商品广告，也有其他一些竞争商品的广告。测试结束后，受测人可以重新选择自己喜欢的商品带走，以此表示酬谢。同时对比受测前后两次挑选的结果和变化，就能够判断广告效果的好坏。如果重新选择时所测商品的被选择度增高，就会归功于广告效果；反之，则说明广告尚有改进之处。看完广告之后，还可以提问，获取受测试观众对于广告商品的记忆程度。

（二）媒体接触效果的测评

不同类型的媒体有各自不同的测评要素，根据媒体的不同特质，测评内容主要分为两大类：印刷媒体和电子媒体。下文将对这两类要素的测评方法进行介绍。

1. 印刷媒体

对印刷媒体的测评主要包括三个方面：一是发行范围和份数；二是受众成分，即读者对象；三是阅读状况。其中，阅读状况主要通过三项指标进行测评。

第一，注目率。注目率是指接触过广告的读者人数占读者总数的百分比。这部分读者曾经看见过被测试的广告，但对广告的具体内容并不了解。

第二，阅读率。通过向接触过广告的人提问广告的主要内容，如主题、商标、插图等元素，测定能记得这些元素的人数占读者总数的比率，即为阅读率。

第三，精读率。阅读程度不同，能够记住的广告信息量也就不同，当被调查者能够记住广告中一半以上的内容时，就可称之为达到精读程度。认真看了广告并能记住广告中一半以上内容的读者人数占读者总数的比率即为精读率。

2. 电子媒体

测评电子媒体的接触效果，主要是通过视听率来完成的。目前对广播电视试听率调查主要有日记式调查法、电话调查法和机械调查法三种，本书主要介绍前两种方法。

（1）日记式调查法。通过抽样选择适当数量的被调查对象，由他们将每天所看（听）的节目填入设计好的调查问卷中。一般以家庭为单位，把所有家庭成员每天收看（听）广播电视节目（一般为电视）的情况，按年龄、性别等类别全部记录在个人视听调查问卷表中，如表 5-4 所示。调查期间，由调查员逐日到被调查家庭访问，督促如实记录，7 天或 10 天为一个调查周期，调查期满，调查员负责收回问卷进行统计分析，算出收视比率。

表5-4　个人视听调查问卷表

<table>
<tr><th rowspan="2">时间</th><th rowspan="2">电视台 / 电台</th><th rowspan="2">节目</th><th rowspan="2" colspan="2">4~12 岁</th><th colspan="2">13~19 岁</th><th colspan="2">20~34 岁</th><th colspan="2">35 岁以上</th><th rowspan="2">全体</th></tr>
<tr><th>男</th><th>女</th><th>男</th><th>女</th><th>男</th><th>女</th></tr>
<tr><td rowspan="3">19：00—20：00</td><td>A</td><td></td><td></td><td></td><td></td><td></td><td></td><td></td><td></td><td></td><td></td></tr>
<tr><td>B</td><td></td><td></td><td></td><td></td><td></td><td></td><td></td><td></td><td></td><td></td></tr>
<tr><td>C</td><td></td><td></td><td></td><td></td><td></td><td></td><td></td><td></td><td></td><td></td></tr>
</table>

日记式调查主要采用人工方法，比较费时耗力，有时由于不能及时记录，同时存在强化被调查者收看电视意识的问题，所以准确度难以保证。

（2）电话调查法。通过打电话的方式，向有电视机的家庭询问收看节目的情况，具体做法：先从电话簿中随机抽样出所要调查的家庭，确定好某一时间段由调查员电话询问被调查对象。调查内容包括：是否在家看电视；如果在看的话是收看哪一个台的哪一个节目。然后在调查记录表上记下被调查对象回答的内容。电话调查询问的问题要简洁，特别是就一个节目的收视率所进行的调查。

三、广告心理效果的测评

广告心理效果测评，也可称为广告沟通效果测评，目的是测评广告在知名度、认知和偏好等方面的效果。根据安排时间的不同，可以分为事前测评、事中测评和事后测评。

（一）广告心理效果的事前测评

广告心理效果事前测评的方法：在广告作品尚未正式刊播之前，邀请有关广告专家和消费者团体进行现场观摩，审查广告作品中存在的问题，或在实验室运用各种仪器来测评人们的各种心理活动效应，以对广告作品可能获得的成效进行评价。根据测评的结果，及时调整广告促销策略，修正广告作品，突出广告的诉求点，提高广告的成功率。广告心理效果事前测评常用的方法主要有以下几种。

1. 专家意见综合法

该方法是在广告文案设计完成之后，提供几种可供选择的方案，邀请有关广告专家、心理学家和营销专家进行评价，多方面、多层次地对广告文案及媒体组合方式将会产生的效果作出预测，然后综合所有专家的意见及讨论的重点，来预测广告推出后可能产生的效果。运用此法时事前要给专家提供一些必要的资料，包括设计的广告方案、广告产品的特点、广告主生产经营活动的现状及背景资料等。专家们通过独立思考，对广告设计方案提出自己的见解。

专家意见综合法是事前测评中比较简便的一种方法。但要注意，所邀请的专家应能代表不同的广告创意趋向，以确保所提供意见的全面性和权威性。一般说来，聘请的专家人数以10~15人为宜，少了不能全面反映问题，多了则花费时间。

2. 消费者评定法

这种方法是让消费者直接审定广告效果，可以请同行或内部职工提出意见，也可以让顾客参与评审。征求意见时，可以同时提供几则广告，请评审者从中择

优；也可以提供一则让评审者评价。前者广告设计者需提供多个样本，后者对评审者的评审能力要求较高。

这种方法的优点：只需采用广告设计草图，成本低廉；一旦选定查询对象，很快便可判断出宣传效果最好的那一则广告；可以收集到大量有关消费者购买习惯的资料。缺点：获取准确信息的难度较大；调查结果容易流于一般化，缺少独到见解。

3. 检查表测验法

检查表测验法又称要点采分法。首先应设计一个广告要点采分表，然后请消费者给广告评分，以此来测评广告效果。

如果是多人评价，则独立评分，求出和值后，再求出全体评价分的平均值，即为所求广告效果评价值。

4. 仪器测试法

随着科学技术的进步，对人类生理变化进行测试的仪器也在不断创新和完善。在广告领域，作为一种辅助性手段，借助仪器测试广告效果的做法得到广泛采用。

（1）视向测验法。人们的视线一般总是停留在关心与感兴趣的地方，越关心，越感兴趣，视线停留的时间就越长。视向测验器是记录观看广告图文各部位视线顺序及时间长短的装置。

根据测知的视线移动图和各部位注目时间长短的比例，可以预知广告文字直写与横写的易读性如何，从而适当安排文字的排列；视线顺序是否符合广告策划者的意图，有无被人忽视或不留意的部分，如果有，则进行适当调整；广告画面中最吸引人注视的部位是否符合设计者的意愿，如果不符，应立即予以调整。

仪器测试法也有不少缺点：视线运动是根据眼球移动确定的，但不能确保视线运动与眼球移动完全一致；注视时间的长短，并不能完全代表消费者兴趣的大小，一目了然的事物，注视的时间自然短，费解的图文，往往要花费较多的时间去琢磨；测验费用高昂，并且不能保证被抽取的消费者都具有典型性和代表性。

（2）皮肤测试法。该法主要利用皮肤反射测验器来测量媒体受众的心理感受。运用此法的理论依据：人体的出汗情况会随着诸如兴奋、感动、紧张等情绪起伏的冲击而发生变化，从而可测评其感性的波动。

皮肤测试法主要用于对电视广告效果的测评，其次是对广播广告的测评，根据测评的结果，大体上可以确知最能激起媒体受众情感起伏的地方，以此检查此处是否符合广告策划者的意图。

皮肤测试法也有一定的缺点：事先应根据每个人的内分泌情况及情绪反应的快慢加以测评，再根据实际反应情况进行修正，工作程序非常烦琐。内心的冲动、情绪的波动，每个人的情况也不相同。引起内心冲动的因素有的来自音响，有的来自画面、色彩或表演等。情绪的波动，有的可能是积极的，有的则是消极的。因此，必须辅以其他方法进行全面的分析，只有这样才能得出正确的结果。

（3）瞬间显露仪测验法。瞬间显露仪的种类有文度式、振子式、道奇式和哈佛式等，常用的是哈佛式。这种方法是利用电源的不断刺激，在短时间内（1/2 秒或 1/10 秒内）呈现并测评广告各要素的注目程度。

通过这种方法，可以预知印刷品广告中各要素的注目程度，各种构图的位置效果，以决定标题、图样、文案、广告主名称的适当位置。利用实验与统计的方法，可将艺术效果量化，在某些情况下，可区分出艺术效果与广告效果的作用，以便在两者中有所调整和取舍。例如，大标题的位置，成功的设计应是既抢眼又悦耳，但悦耳应从属于抢眼。在两者不可兼得的情况下，艺术效果应服从广告效果的需要。文案的易读程度，品牌的识别程度，应体现出设计的完整结构。

（4）记忆鼓测验法。记忆鼓是现代心理实验常用的一种仪器，在广告策划中，它专门用来检测一定时间内人们对广告作品的记忆量。主要测验者用回想或再确认法，测验被调查者对文案的记忆程度，从而估计出品牌名称、公司名称、主要广告内容等易于记忆的程度。这种测验法所测结果使用价值的大小，与被测验者的精神状态和记忆力的强弱有直接的关系。

（5）瞳孔计测试法。瞳孔计测验法就是用有关设备将瞳孔伸缩情况记录下来，以测评瞳孔伸缩与媒体受众兴趣反应之间的关系。这种方法多用于电视广告效果的测评。但对所取得的测试结果也不能过分相信，因为瞳孔放大这种生理反应受到感性和心理方面因素影响的程度是难以确定的。而每个人不同的情感、心理作用的差异都是无法忽视的。

（二）广告心理效果的事中测评

广告心理效果的事中测评是在广告开始刊播后进行的。事中测评可以直接了解媒体受众在日常生活中对广告的反应，得出的结论也更加准确可靠。但这种测评结果一般很难对正在进行中的广告宣传的目标与策略进行修改，只能对具体方式、方法进行局部的调整或者修补。常用的广告效果事中测评法有以下几种。

1. 市场实验法

先选定一两个实验地区刊播已设计好的广告，然后对实验地区与尚未推出广告的地区进行对比分析，根据媒体受众的反应情况，得出实验地区与一般地区的差异，从而就可以对广告促销活动的心理效果作出测评。

2. 函询法

这种方法一般采用调查问卷的形式进行。函询法一般要给回函者一定报酬，以鼓励他们积极回函反馈信息。调查问卷通常以不记名的方式，要求调查者将自己的年龄、职业、文化层次、家庭住址、家庭人均年收入等基本情况填在问卷上。调查表中要尽可能详细地设置调查问题，以便对广告的心理效果进行测评。常见的调查问题如下。

（1）您看过或听过有关某品牌产品的广告吗？

（2）通过什么媒体您接触到某品牌产品的广告？

（3）您认为该产品广告有特色吗？

（4）您认为该产品广告的缺点是什么？

（5）您愿意购买什么品牌的产品？

（三）广告心理效果的事后测评

广告心理效果的事后测评，是建立在广告心理目标，即接触率、知名率、理解率、好感率与购买意图率等目标的基础上，根据广告心理目标的不同要求，采用多种不同的测评方法。较常用的方法有以下几种。

1. 认知测评法

认知测评法主要是测评广告的知名度，即消费者对广告信息（包括广告商品、品牌、企业标志、广告口号、图像和文稿等）的认知程度，从而判断其效果，其中比较有名的方法是斯塔夫阅读率调查法。

认知测评一般采用抽样调查法进行，对样本对象进行个别访问或电话询问，定期对广告阶段的心理效果进行监测。或者借助二级数据资源，即借助现有信息资源获得信息。

2. 视听率测评法

这种方法主要用于测评电视和广播的广告效果。具体做法：抽出若干家庭作为样本进行调查，统计出三方面数据：①电视机或收音机的拥有户数；②广告节目的视听户数；③认知广告名称的人数。然后分别进行推算。

因为电视或广播广告重复率高，所以应当在广告播放一定周期或若干次后作多次测评，以求得较为准确的测评结果。

3. 记忆测评法

由于广告效果的滞后性和累积性，使得广告心理效果调查的重要内容就是针对消费者对广告内容以及商品特性、商标等的记忆情况测评广告心理效果。目前较为常用的广告效果测评方法是回忆度测评。

（1）自由回忆，即让消费者独立地对已推出的广告进行回忆，以测试记忆情况。目前运用最广的电视广告效果测试是波克日后回忆法，即在电视广告发布

24 小时后，要求受测者回答一系列问题，确定他们记住了哪些广告和广告的哪些内容。

（2）引导回忆，是指调查人员给消费者某种提示，如广告的商标、品牌、标题和插图等，在一定的提示下，调查消费者能够回忆出广告多少内容以及理解程度和联想能力。引导回忆最经典的方法是由盖洛普与鲁滨逊发展出来的盖洛普—鲁滨逊事后效果测评法。

4. 态度测评法

这种方法主要用来测评广告心理效果的忠实度、偏爱度和厂牌印象等。消费者的态度很难用直接方法去观察，只能采用问卷、检核表、语义差异实验和评等标尺等形式作推测性了解。有五种基本技术可以测评态度。

（1）语义差异测试，是比较常用而又简便易行的方法。这种方法是美国伊利诺伊大学的查尔斯·E. 奥斯古德等人研究制订的，它的原理是根据心理上刺激与反应之间必有一定的联想传达过程，通过对这种过程作用的测评，就可以得知消费者对广告所持的态度。

（2）直接问题法，是指两种答案选择一项的做法。例如，可提问："您看过'白加黑'感冒药的广告后，如果不小心患上感冒，会选购此药吗？"直接提问法只能测评消费者对广告产品有利或不利的态度，不能测评消费者态度的程度。所以，它应与语义差异测试法综合使用。

（3）评分量尺法，主要分为总加法、累积法、等距法三种。在广告效果测评中，最常用的是总加法。

（4）核对表法，就是将欲测试的指标列成规则的表格，然后让受试者逐一核对，选择最符合自己的项目。

（5）半开放式法，是指避免使用一组特定指标，而是让受试者去讨论一般话题，从而显现其对有关品牌的态度。

5. 综合测评法

以上四种心理效果的测评方法均具有局限性，只能反映广告心理效果的部分情况。综合测评法的最大优点是广告心理效果的测评比较全面，能够提供广告活动效果的综合性指标，有利于人们检验广告活动的整体效果。但是，综合测评法只是检测广告心理效果的一种方法，不能代替其他方法；同时，测评的结果还要结合各种产品的特性、品牌占有率和产品的普及率等进行具体分析。

四、广告社会效果的测评

广告的社会效果，主要表现在广告对消费者产生的社会影响。这种影响不同于广告的心理效果或经济效果，广告策划者很难用数量指标来衡量这种影响，只能依靠社会大众长期建立起来的价值观念（包括法律规范、伦理道德、文化艺术、风俗习惯和宗教信仰等）进行综合的考察、评估。

（一）广告社会效果评估的方法

1. 广告短期社会效果评估

采用事前或事后测量法，通过接触广告前后消费者在认知、记忆、理解及态度方面的差异比较，测量广告短期社会效应。比如，在广告发布前，邀请相关专家学者、消费者代表等，从有关法律、法规、道德文化等方面，对即将发布的广告可能产生的社会影响作出预测。在广告发布一段时间后，可采用回函、访谈、问卷调查等方法，搜集整理消费者的反馈意见，研究社会公众对广告态度的看法，通过这种方式来了解广告的社会影响程度。

2. 广告长期社会效果评估

对广告长期社会效果进行评估需要运用更宏观、综合、长期的调查方法。同时要考虑到广告所产生的社会效果在复杂多变的社会环境中是无法进行量化的。

（二）广告社会效果评估注意事项

广告对社会道德、文化、教育、伦理、环境等社会环境产生的影响也是复合性和累积性的。在测定广告的社会效果时，一般要把握以下几个主要方向。

1. 树立正确的社会道德规范

广告的劝服、诱导性行为容易激发消费者的注意和学习，甚至以实际行动相迎合。因此，测定广告的社会效果，要看它是否与社会的道德观念、伦理价值、文化精髓等社会道德体系的规范相悖，如果广告产生了违反社会道德规范的不良效果，就应该立即停止。

2. 培养正确的消费观念

广告的属性是取得最大利益的经济行为，广告的最终目标就是吸引消费者更多地购买或使用广告产品。但是，在达到这一目的的过程中，如果广告歪曲了正确的消费观念或者宣扬不健康的消费理念，那么对消费者个人、对社会、对国家都会造成很大的伤害，不利于我国社会主义市场经济的建设和发展。因此，不利于培养正确消费观念的广告也应该勒令停止。

3. 有利于社会市场环境的良性竞争

同类广告之间的商家竞争是非常激烈的，即使是在这种情况下，广告也要维护市场的良性竞争。类似于发布假信息、模糊信息压制对方或完全不顾市场规范的广告行为都将产生恶劣的社会效应，理应禁止。

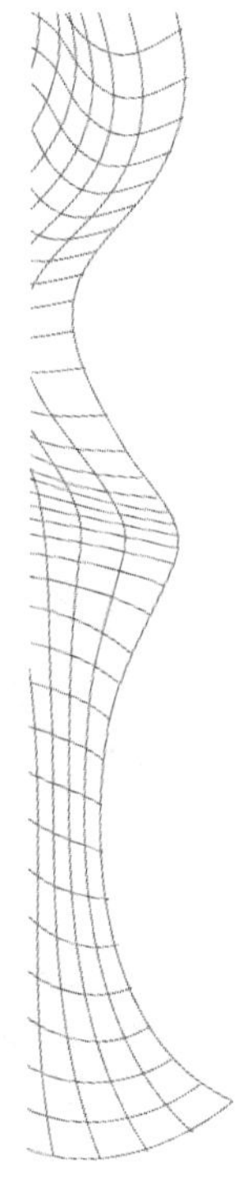

下篇　广告创意篇

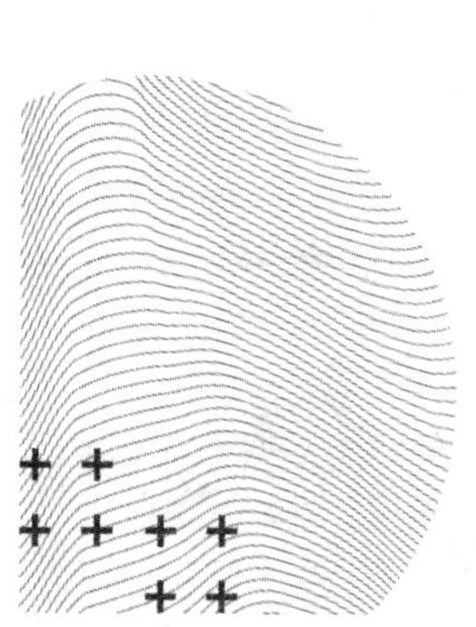

第六章　广告创意的基本理论

第一节　广告创意的概念

20 世纪 80 年代初，“创意”一词开始在中国广告界出现。但对于什么是广告创意，却有着种种不同的说法，至今尚未有一个基本一致的看法。有人认为“广告创意是把原来的许多旧元素进行新的组合”，有人认为“广告创意是一种创造意外的能力”，等等。这些说法都有道理，但作为广告创意的定义，并不完整。虽然詹姆斯·韦伯·扬曾经对什么是广告创意做过十分精辟的说明，即所谓“旧元素，新组合”，在广告界人人都认同，但这仅仅是对广告创意元素的归纳总结，并没有对广告创意的过程做更深入的阐述，当然，也就不能作为广告创意的定义。

我们认为，广告创意是广告人员在对市场、产品和目标消费者进行市场调查分析的前提下，根据广告客户的营销目标，以广告策略为基础，对抽象的产品诉求概念予以具象而艺术的表现的创造性的思维活动。对广告创意的这个定义，我们可以从以下几个方面理解。

一、广告创意从本质上来讲，是一种创造性思维

广告创意，关键就在一个“创”字。创造意味着构想并产生过去不曾有过的事物或观念，或者，将过去毫不相干的两件或更多的事物或观念组合成新的事物或观念。广告创意要求摒弃惯性思维，追求新颖独特，发人之所未发，言人之所未言。广告活动是否能完成其告知和劝服的任务，在很大程度上要依赖于广告作品是否具有创造性。精彩的广告创意使广告发出的信息更形象、更生动、更有说服力。

二、广告创意的前提是科学的市场调查

广告创意必须符合广告产品的整体营销目标，为此，广告创意人员就必须充

分掌握产品、市场竞争对手，以及目标消费者的消费心理等各类信息，以期从中发现或开发出能够有效地达成营销目标的创意主题。例如，宝洁公司推出“尿不湿”儿童用品，创意人员想当然地以“方便”作为诉求主题，以为凭此必能大受年轻母亲们的青睐，然而事实却大大出乎意料。后经过深入细致的调查发现：用纸尿布在年轻的母亲们潜意识里产生了一种由于太方便而没有尽到母亲的责任的负疚心理，这直接影响了年轻母亲们的购买行为，即使有的母亲偶尔使用，一旦发现婆婆来看望孙儿时，也会手忙脚乱地把“尿不湿”藏起来。

三、广告创意就是善于将抽象的产品概念转换为具象而艺术的表现形式

广告创意固然也是创造性的思维活动，但又与一般意义的创造性思维不同。这其中最大的不同就是广告创意在思维方式上并不是寻找解决某个问题的方法，而是寻求如何用形象生动的表现方式来说明某个事物（产品）的某个概念。这里的关键之处在于转换：将抽象的概念转换为具体的形象，将科学的策略转换为艺术的表现。

四、广告创意的目的是塑造品牌形象、体现商品个性

诚然，广告的终极目标无疑是促进商品的销售，但并非每一则广告都是为了直达这一目标（如形象广告）。即使是促销广告，也不能只是单纯地号召大家来购买。具体到广告创意这一环节，创意的目的只是让目标受众了解商品个性，让品牌形象在目标受众的心中扎下根，在此基础上再促使他们心甘情愿地采取购买行动。

第二节　广告创意理论

一、USP 理论

USP 是 unique selling proposition 的缩写，可以翻译为“独特的销售主张”。该理论是美国极具传奇色彩的广告大师罗素·瑞夫斯提出的具有广泛影响的广告创意策略理论。1961 年，罗素·瑞夫斯出版了他的第一本也是最重要的著作《实效的广告》，在书中，他开创性地提出了 USP 广告理论。

罗素·瑞夫斯认为，USP 理论可以说是有关理想销售概念的一个理论，是提纲挈领的一句话，它使得广告活动的作用发挥得更加有效。罗素·瑞夫斯将 USP 定义为以下三个部分。

（一）明确的销售主张

广告必须向消费者说一个主张，即必须对受众说明，购买广告中的产品可以获得的特殊利益是什么。

（二）消费主张的独特性

强调的主张必须是竞争对手无法也不能提出的，它必须具有独特之处，是一个品牌或者诉求的独特个性，而不仅仅是在广告方面的主张。

（三）消费主张的普遍性

这项主张必须是强而有力的，足以感动和吸引消费者来购买相应的产品。罗素・瑞夫斯运用 USP 理论创作出一些非常成功的广告标语。例如，高露洁牙膏的广告语“清洁牙齿，清新口气”。堪称经典之作的是为玛氏糖果公司的 M&M’s 奶油巧克力糖果创作的广告语。他于 1954 年为 M&M’s 构想了一句家喻户晓的广告语“只溶在口，不溶在手”，这一广告语使用了整整 60 年，而且历久弥新。

罗素・瑞夫斯提出的 USP 理论是广告发展史上最早的一个具有广泛影响力的广告创意理论，对广告界产生了巨大的影响。

二、品牌形象论

品牌形象论是 20 世纪 60 年代由大卫・奥格威提出来的广告创意策略理论。在此策略理论的影响下，广告界涌现出了大量优秀而成功的经典广告案例。

大卫・奥格威是现代广告业的大师级人物，他一手创立了奥美广告公司，开启了现代广告业的新纪元，因此被誉为“现代广告的教皇”和“品牌形象之父”。他的著作《一个广告人的自白》《大卫・奥格威自传》《奥格威谈广告》等影响深远，是广告从业者必读的经典之作。

品牌形象论的核心观点如下。

（一）为塑造品牌服务是广告最主要的目标

大卫・奥格威认为广告活动的目标就是要力图使品牌具有并且维持一个高知名度的品牌形象，形象指的是个性，它能使产品在市场上长盛不衰，使用不当也能使产品滞销。因此，如果品牌既适合男性也适合女性，那么品牌就没有个性了。最终决定品牌市场地位的是品牌的整体性格，而不是产品间微不足道的差异。

（二）任何一个广告创意作品都是对品牌的长期投资

从长远的观点看，广告必须去维护一个好的品牌形象，甚至应该以牺牲短期利益来获取品牌的长远利益。

大卫·奥格威认为，努力塑造产品的品质形象是极其有效的方法。这种方法一旦得以贯彻执行，就等于领到了一张通往高档品牌的通行证。如果你的广告看起来低俗而恶劣，便会大大地影响产品的销售，因为没有消费者会愿意使用低格调的产品。

（三）塑造并传播品牌形象比单纯强调产品的具体功能特征更重要

随着同类产品的差异性减小，品牌之间的产品品质的同质性越来越大，消费者选择品牌时所运用的理性就越来越少。消费者选择的并不是产品本身，而是与之相对应的品牌形象。

（四）广告创意应该重视运用形象来满足消费者的心理需求

大卫·奥格威认为消费者购买产品时往往追求的是“实质利益 + 心理利益”，因此广告人运用广告创意的形象来满足消费者的心理需求是广告活动走向成功的关键因素。

三、ROI 创意理论

广告大师威廉·伯恩巴克是著名广告公司 DDB 的创始人之一，其在《广告时代》20 世纪末的评选中，被推选为广告业最有影响力的人物第一位。作为广告“艺术派”的代表人物，威廉·伯恩巴克强调广告要想象奇特，以情动人。

20 世纪 60 年代末，威廉·伯恩巴克根据自身创作积累总结出一套创意理论，即著名的 ROI 理论。该理论主张优秀的广告必须具备三个基本特征：关联性（relevance）、原创性（originality）、震撼力（impact）。将这三个单词的首字母合在一起，称为 ROI 理论。

从 ROI 理论来看，关联性、原创性和震撼力在逻辑上存在先后关系，在作用上则各有各的作用，相互之间并不能取代。

（一）关联性

所谓关联性，即广告创意的主题必须与商品、消费者、竞争者密切相关。威廉·伯恩巴克曾经说过，如果我“要”给谁忠告的话，那就是在他开始工作之前

就要彻底地了解广告代理的商品。他还指出，一定要把了解关联到消费者的需要上面，千万别以为有想象力的作品就是聪明的创作了。

（二）原创性

所谓原创性，即广告创意应与众不同。其创意思维的特征就是要刻意“求异”，想人之所未想，发人之所未发。

（三）震撼力

所谓震撼力，是指广告作品在瞬间引起受众注意并在心灵深处产生震动的能力。一条广告作品在视觉和听觉乃至心理上对受众产生强大的震撼力，其广告信息的传播效果才能达到预期目标。

ROI理论认为，广告创意如果与商品之间缺乏关联性，就失去了创意的意义；而广告创意本身如果没有原创性，就缺乏广告作品的吸引力和生命力；广告创意如果没有震撼力的话，则又谈不上有什么传播效果。当然，一个广告创意要同时具备“关联性”“原创性”“震撼力”三个要素也确实不是件容易的事情。

四、定位理论

“定位”，英文为positioning。定位论是20世纪70年代由两位美国营销学者艾·里斯和杰克·特劳特提出的，主张在广告策略中运用一种新的沟通方法，创造更有效的传播效果。

“定位并不是要您对产品做些什么，定位是您对未来的潜在顾客心智所下的功夫，也就是把产品定位在未来潜在顾客的心中。”“定位乃是确立商品在市场之中的位置”，而“位置”的意思是“一个人或一件东西所占的地方”。“定位策略的运用，目的就在于创造和渲染企业及产品的个性化特色。”这一广告理论主张提出了新的广告创意策略方法，基本观点：（1）广告的目标，是在消费者心目中为某产品占据一席位置；（2）广告不是改变产品，而是针对消费者的心智，在消费者心理位置上下功夫；（3）广告所创造出的消费者心目中的位置，应当是独特的、唯一的，特别是具有“第一说法、第一事件、第一位置”的，只有这样才能创造差异，才能让人难以忘怀；（4）广告表现出的差异性，并不是指出产品具体的特殊的功能利益，而是要显示和实现品牌之间的类的区别；（5）定位一旦建立，无论何时何地，只要消费者产生了相关的需求，就会自动地、首先想到广告中的品牌，达到“先入为主”的效果。定位理论提出时，更重要的是作为传播范畴的探讨，但该理论超越了传播范畴，进入了营销视野，并成为基本的营销策略。

常用的定位的方法有以下几种。第一，首次定位。定位对象首次进入空白心智，对于受众来说，这方面的信息要是心理所第一次感知的，要占得最先与最大。比如，农夫山泉第一个提出“有点甜”这一概念特征，同时第一个采用特殊瓶盖，靠着两个方面的首次定位，农夫山泉很快被消费者接受，迅速畅销于市场。第二，特色定位。在遇有无敌地位的竞争对手的情况下，可利用自己在潜在受众心理中所拥有的地位，并巩固之，使之确立为心理中同类对象的新位置。七喜的“非可乐”定位就是一个典型。第三，扩大名称。处于领导者，用含义更广的名称或增加其适用范围来保持其地位。很多药品在刚推向市场时，为了让消费者尽快接受，往往只是宣传一个重要的功能，但当其被消费者接受后，往往就扩大其宣传面，以扩大其消费群体。第四，关联定位。使定位对象与竞争对手发生关联，并确立与竞争对象的定位相反的或可比的定位概念。使宣传的品牌既与现有商品类别有关联，又有区别。日本一家经济暖气机同时兼有中央暖气系统和石油或瓦斯暖气炉两种商品的特性。中央暖气系统费用高昂又不适合小房间，石油或瓦斯暖气炉有油烟气味，经济暖气机排除了两者的缺点。经权衡得失，厂商决定采用与中央暖气系统造成关联的商品定位，并以“中央暖气系统新发现——小房间专用”为广告标题，因而获得意外的销售业绩。第五，销售量定位。消费者由于缺乏安全感，喜欢买跟别人一样的东西，有着较强的从众心理。所以那些在同行中有较好销量的企业经常宣传自己的销量领先，以便使消费者产生一种信任感。

第三节　广告创意的特征与分类

一、广告创意的特征

（一）明确的目标群体定位

定位理论告诉我们，这是个定位的时代，任何一则广告都不是“万金油”，广告中的品牌产品总是针对某些特定消费群体，因而任何一个优秀的广告创意都必须有明确的目标群体定位。当然，每个品牌通过广告传达的独特定位，占领目标群体的心智，与目标群体建立品牌的关联。广告创意中定位目标群体的方式比较多元，但主要基于消费群体的年龄、性别、价值取向、社会阶层等因素来进行定位。宝马汽车广告定位于那些纵情享受驾驶乐趣的目标群体，奔驰汽车广告定位于那些期望获得尊贵身份体验的目标群体，沃尔沃汽车广告定位于那些视生命安全超过一切的目标群体。

（二）单纯统一的广告主题

所谓单纯统一，就是指广告创意完全围绕着一个主题进行构思，不允许有些许的枝蔓，以免造成干扰。构想单纯统一，主题就显得清晰、鲜明、突出，容易给人留下深刻的印象[①]。一方面，单纯统一的广告主题是由复杂的广告传播环境决定的；另一方面，单纯统一的广告主题有利于构建品牌统一的形象，真正实现广告传播的实效性，从而达成广告活动的目标。

1. 复杂的广告传播环境与有限的信息接收

人类自从进入电子媒介时代之后，每天的生活都被媒介信息所包围，人的大脑每天除了要处理现实生活中因人际交往而产生的各类信息，还要处理来自印刷媒介、电子媒介、户外媒介等各种媒介产生的信息。在移动互联网时代，我们每天接收的信息更是海量的，只要我们睁开眼睛，打开手机，朋友圈就在“刷屏”；打开电脑，门户网站、社交网站、视频网站、贴吧等都生产各种类型的新闻、信息、图片与评论，真实与虚假交织，令人目不暇接。然而，真正能让我们记住并乐意与朋友分享的信息却少之又少。广告与其他的普通新闻信息、突发事件有本质的不同：广告只要一出现，首先就被定义为商业的行为，甚至带有某种欺骗性，读者或观众花在广告上的时间是非常少的，那么如何让广告这种特殊的信息能够在如此复杂的传播环境中脱颖而出呢？毫无疑问，广告主题是非常重要的，而单纯统一的广告主题尤为重要。如果一个广告说来说去，观众都觉得莫名其妙，更不愿意继续看下去，那么该广告无疑是失败的。

2. 单纯统一的广告主题有助于传播品牌一致的形象

20 世纪 90 年代，美国西北大学的唐·舒尔茨教授提出了整合营销传播理论，该理论强调企业必须传播一致的形象和统一的声音，只有这样才能实现最大化的传播效果。如果广告创意时常变换主题，那么消费者就会对该品牌的形象产生错乱，不知道该品牌到底是什么形象，要说什么。如果一个品牌要做百年品牌，甚至更悠久的、可持续的品牌，它必须与其目标群体建立一种纯粹的关系，也就是向目标群体传播统一的声音和一致的形象。比如，百年品牌可口可乐多年以来一直将“欢乐和幸福”的理念传播给其目标群体。又如，沃尔沃一直以来在广告中强调它是“最安全”的汽车。再如，奢侈品品牌 LV 这么多年来的广告传播主题都集中在对“旅行”的内涵与精神的阐释。可以说，真正伟大的品牌，不管其广告表现形式如何改变，也无论其传播渠道和介质多么丰富、多元，它的广告创意总是围绕着其单纯、统一的核心价值来传播。

---

① 饶德江．广告策划与创意[M]．武汉：武汉大学出版社，2006：105.

（三）塑造差异化的品牌形象

大卫·奥格威在20世纪60年代就已经意识到了品牌形象的重要性，他第一个提出任何一个广告都要为建立长期的品牌形象服务。品牌与利益关系人的关系是建立在对品牌形象的感知基础之上的。比如，大多数人都认为可口可乐是乐观的、向上的、给人带来欢乐的国际品牌；小米粉丝认为小米手机是积极向上的、充满活力的、代表青春的年轻人的品牌。一个成功品牌形象的塑造是建立在品牌与其目标群体长期的沟通基础之上的，而广告是品牌与其目标群体最直接、最常用的沟通方式。那么，为品牌塑造差异化的形象就成了一个好广告创意的重要特征。

在广告创意中塑造差异化的品牌形象，要求广告创意中所呈现的品牌形象与竞争对手不同。差异化的品牌形象事实上与差异化的品牌定位有着密切的关联。当竞争对手诉求于产品的功能时，我们的品牌可以从情感诉求出发。当竞争对手诉求于男女之间的情爱时，我们的品牌可以从人与人之间的无私大爱展开诉求。当竞争对手在广告中运用名人代言时，我们的品牌可以选择卡通代言。总之，广告对差异化的品牌形象的构建是建立在竞争分析的基础之上的。

另外，广告对差异化的品牌形象的构建还建立在目标群体喜好的基础之上。任何一个好广告创意的诞生都离不开对其目标群体的深入洞察。目标群体有什么特征，爱好什么，存在哪些心理需求？在广告创意中要展现目标群体内心的渴求，并且这个广告创意要能够与其产生共鸣。通过这种共鸣能够产生的广告所塑造出的差异化的形象，才能够促使其目标群体产生真正的认同。也就是说，好的广告创意并不是为了与众不同而塑造差异化的形象，而是为了达成与其目标群体实质意义上的沟通。

（四）构建独特的品牌个性

有学者认为品牌个性是品牌形象的一个重要组成部分。不过，从品牌人格理论的角度来说，假若品牌是一个人，品牌形象就是这个人留给其目标群体的最初印象；而品牌个性则是这个人的独特性格，形象大多时候与外表相关，而个性与一个人的内在心理和行为相关。有的品牌可能在广告传播中塑造了统一的品牌形象，这个形象与竞争对手的形象也是有差异的，但这个形象可能没有独特个性。因而，我们认为，品牌的个性是品牌形象的延伸，也是品牌形象更为重要的内核，更是其与竞争对手形成差异并吸引其品牌目标群体的关键元素。毫无疑问，独特的品牌个性成为一个优秀的广告创意必备的特征。

每个人的个性都千差万别，有人沉稳，有人活泼；有人浪漫，有人严谨；有

人爱热闹，有人喜安静。那么，品牌的个性如何来构建呢？首先，品牌个性的构建与品牌定位密切相关，品牌定位的目标群体的个性即是该品牌的个性。一般来说，如果一个品牌定位于较年轻的目标群体，那么该品牌的个性应该是活泼可爱的；如果一个品牌定位于较年老的目标群体，那么该品牌的个性应该是严谨可靠的；如果一个品牌定位于时尚群体，那么该品牌的个性应该是张扬的、超脱的、时尚的。其次，品牌个性还与其所处的行业密切相关。一般来说，处于时尚行业的品牌，其品牌个性应该倾向于前卫、时尚和大胆。对于运动行业的品牌来说，大多数品牌将其个性定位于挑战、超越、冒险，不过也有别具一格的个性定位，如新百伦运动鞋将品牌个性锁定为青春和时尚。对于金融行业的品牌来说，大多数品牌的个性确定为可靠与稳健。最后，品牌个性与其竞争的环境也存在一定的关联。品牌个性是一个品牌区别于其竞争对手的重要元素之一。一个品牌在确定自己的个性之前，需要对竞争对手进行认真分析，了解竞争对手的品牌个性是什么，思考如何与竞争对手形成明显的差异，发展自身独特的个性。

诚然，一个品牌的个性被认同不是一朝一夕的事，它需要品牌持续与其目标消费者进行个性化的沟通。广告是建构品牌个性的一个重要方式，现在的广告已经超越了传统、单一的平面广告或视频广告，而是一种整合的沟通。这种沟通在移动互联网时代更加快速、便捷，互动更多，沟通的渠道也更加多元。我们认为，整合沟通的内容，无论是视频的、文字的，还是图像的，都是广告创意的一部分，因为这些沟通内容只有注入创意的力量，才能够达成真正意义上的沟通。

（五）表现方式新颖

在世界广告创意历史上，曾经有过关于“广告说什么”与“广告怎么说”哪个更重要的争论。科学派广告大师大卫·奥格威坚持认为“广告说什么”比“广告怎么说”更重要，而艺术派广告大师威廉·伯恩巴克则反复强调“广告怎么说”比“广告说什么”更加重要。“广告说什么”事实上就是一个广告的主题，正如一篇文章的中心思想与核心观点，它确实很重要。但是，“广告怎么说”也非常重要，一篇文章的中心思想再好，如果没有合适的表现方式，那么读者也不能够完全理解这篇文章。因而，一个优秀的创意人不需要执拗于争论到底是广告主题重要，还是广告表现方式重要。虽然大卫·奥格威与威廉·伯恩巴克有不同的广告创意理论观点，但是在实践创作中，他们又都是不约而同地寻求最好的广告主题与最精巧的表现方式。

事实上，广告新颖的表现方式属于广告创意的重要组成部分。一个优秀的广告创意必须要有新颖的表现方式。新颖的表现方式主要存在两个重要的作用：其一，表现方式新颖的创意能够更好地表现广告主题，传播广告主题的精髓，从而更好地体现品牌的个性；其二，只有表现方式新颖的创意才能够吸引其目标消费群体的注意力，进而才能在目标消费群体或用户心里刻下记号。

那么，在创意过程中，如何才能实现表现方式的新颖呢？事实上，也就是思考创意主题如何用新颖的方式来表达，这个思考的过程就是创意的过程。创意新颖表现方式的构想与三个因素密切相关。①广告主题会影响创意的表现方式。比如，一个科技产品的广告，它要表达的主题就是传播其品牌在一项科技领域的突破，它的表现方式虽然可以采取合理的艺术处理方式，但不太适宜过于幽默和戏谑。②广告的直接目标对象会影响创意的表现方式，也就是说创意是给哪些群体看、试图打动哪些人会影响创意的表现方式。例如，如果广告创意是给没有结婚的女性群体看、创意的表现就可以尽情地凭想象力编织各种离奇的、童话般的故事来打动她们。③广告创意的表现方式还与其传播的媒介密切相关。在传统大众媒介时代，广告创意一般是通过电视台、广播电台、报纸、杂志、户外建筑等媒介传播。电视台会严格限制广告时间，所以广告创意不能够叙述一个非常冗长的故事。因而，如何在几秒之内就能够吸引受众的注意力，并充分表现广告主题，对创意人来说是一个极大的挑战。广播广告是通过声音来传播的，新颖的创意表现构想就是要思考如何通过声音的传播产生冲击力和记忆力。报纸广告、杂志广告与户外广告是由平面的、静止的文字和图像组成，这些广告没有视频广告的美妙的声音与动感的姿势，新颖的创意表现构想就是要思考如何让“静止”的平面广告有“动”的力量，如何利用文字和图像表达品牌的个性与精髓，并能够引起人的注意和思考。阿迪达斯有两则平面广告的表现方式就非常新颖，其中一则广告是为了表现穿上阿迪达斯的运动鞋，跑步的速度就会非常快。怎么样表现这种快呢？如果只是把鞋子摆在平面广告的中央，告诉读者这双鞋子可以使你跑步很快，这种表现方式就很平庸。与“快”相关的事物，我们能有哪些联想呢？我们会想到飞人、跑车、快艇等，对了，就是快艇！阿迪达斯把它的鞋与快艇建立关联，让阿迪达斯运动鞋变成了快艇。瞧，阿迪达斯运动鞋在水上冲浪，激起了一层层浪花。第二则广告是一个户外广告，广告主题是为了表现阿迪达斯运动鞋的环保性能。如何体现一双运动鞋的环保性能呢？不能只是喊口号，说这双鞋是世界上最环保的。虽然可以列出一些关于该运动鞋的环保数据，但有谁会愿意花费几分钟时间停下来阅读一个户外广告呢？即使有一两个阿迪达斯的粉丝停下来看广告，但是否能看懂相关的环保数据又是一个问题。而阿迪达斯的这个户外广告表现非常精巧，直接让鞋子长满了绿色的藤蔓，一眼看去，满是绿色，这样阿迪达斯的绿色的环保主题就表现得淋漓尽致了！

一个好的广告创意必须有新颖的表现方式。创意人在构想广告主题的表现方式时，必须突破常规，力求新颖、独特。只有那种出人意料的、有趣的、新颖的

甚至惊人的创意表现方式，才能给人以强烈的视听觉刺激，造成强劲的冲击力。当然，不能一味地追求广告创意的新、奇、特，而忽略创意的主题和品牌的精髓；一个没有主题的创意，正如一个包装华丽却没有思想的人，纵使它的创意表现方式非常惊艳，非常具有冲击力，都不可能与其目标群体产生深度的共鸣。

（六）情感效应构想自然

人与人之间共同的东西是情感，好的广告创意也是通过情感与其目标群体达成深度的沟通。因而，情感诉求便顺理成章地成为最重要的创意方式之一。我们每天通过各种媒介接触各种各样的广告，有一大半以上是基于情感的诉求。但是，并不是所有的情感的广告创意都能够打动我们，现实情况是有些情感创意的广告让我们觉得很虚假、不真实；而也有少量的情感广告能够直抵我们的内心，形成真正的共鸣。

每个人在成长过程中都要经历很多事，也拥有很多不同类型的情感。概括起来，大概包括如下一些情感。

1. 亲情

主要指由于血缘关系而建立起来的一种特殊的情感，这种情感虽然最普遍，但是最牢靠。亲情主要指家族内上辈与下辈之间的情、父母亲与子女之间的爱、兄弟姐妹之间的情等。

2. 友情

主要指因学习、工作及其他偶然的认识建立起来的较稳固的朋友关系，每个人自从上学开始，就有了同学；工作后，又有了知心的同事。

3. 爱情

主要指男性与女性之间互相因爱慕与吸引而产生的情谊。当一个男孩追求一个女孩被拒绝后，他可能会自信地说出“枝上柳绵吹又少，天涯何处无芳草”。当一个男孩与他的爱人分离时，他可能会痛苦地吟诵“今宵酒醒何处？杨柳岸，晓风残月”。当一个男孩为了追求事业而不得已与自己的心上人各奔东西的时候，他可能会安慰地说出“两情若是久长时，又岂在朝朝暮暮”。爱情是诗歌与小说的永恒话题，也是每个人一生中最刻骨铭心的情谊，更是广告中经常诉求的情谊。

4. 爱国之情

主要指一个人对其诞生与生活的祖国产生自然的认同之情。有一句歌词唱得好，“没有国，哪有家”。一个人对自己的国家也会有种归属和认同情谊。当祖国强大时，会有一种莫名的兴奋与自豪之情；当祖国受到压制与欺凌时，心中会有一种痛苦之情。

5. 同情

主要指一个人的恻隐之心。当一个人看到或听到一些悲惨的人或事时，自然会产生一种同情之心。

6. 陌生人之间的情谊

主要指在不认识的人之间因为某些事而产生的情谊与爱心。这种人与人之间的情谊是人间的大爱，它建立在文明素养的基础之上。

事实上，很多成功的广告创意人都是煽情高手，将爱情、亲情、友情等各种情谊在广告中展现。当然，广告的情感效应的表现不只是展现“情”的一面，更多时候创意为了表现张力和冲击力，会制造更多的冲突、对抗甚至是愤怒、憎恨之情。爱的对面就是恨，爱与恨都可能会在广告创意中体现。不过，整体来说，创意人最终是要用“爱”和“情”来进行沟通。

就创意实践来说，如何实现自然的情感效应？笔者觉得应该考虑以下几个因素。

（1）情感一定要真实。虚假的情感肯定会显得不自然。广告创意中的情感真实主要包括三个方面：其一，广告创意故事中的情感表现是真实的，并不是指广告创意的所有故事都是真实的，而是指创意表现中的故事情感的表现存在真实感；其二，广告创意中的故事演绎的人物表演感觉是真实的；其三，广告创意中的人物对产品或品牌的情感是真实的、合理的。

（2）情感表现不能过于夸张。通常很多广告为了突出某个产品多么优秀，广告创意让其代言人对该品牌产生夸张的迷恋和喜爱，这种情感事实上是不自然的。

（3）情感的表现要符合整个创意故事的发展，不能与整个创意故事脱节。

（4）特定情感的表达还要注意广告发布的时机，发布时机选对了，情感的表现就会更加自然。一般来说，快到春节的时候，很多品牌都是以“亲情”来做情感广告，因为春节是亲人团聚的日子。在“情人节”与“七夕”的时候，大多数品牌都会以“爱情”来展开情感诉求的广告。关于爱国之情的表达，品牌要特别注意发布的时机。爱国之情虽然也是一种重要的情感，但大多数人不喜欢把它挂在嘴边，更不喜欢企业利用“爱国之情”来做广告，因为这种广告会让别有用心之人攻击其很矫情。

二、广告创意的分类

（一）平面印刷广告创意

广告在平面印刷媒体上主要运用的信息负载形式就是报纸和杂志。虽然就媒

介本身的特质而言，报纸和杂志仍然有着诸多的区别，但在总的方面来说大体一致。因此，我们把两者统称为平面印刷媒体。平面印刷媒体与电波媒体相比具有如下特点。

1. 平面印刷媒体是以空间的结构形式，以静态的视觉和语言符号的表现方式进行信息的传播与诉求

这是平面印刷媒体与电波媒体的本质区别所在。作为广告创意人员，在利用平面印刷媒体进行广告创作时，就只能在平面印刷媒体有限的版面空间构思广告创意。当然，平面印刷媒体版面的空间大小是有区别的，一般而言，版面空间越大，其广告创意的空间也就越大；反之就越小。但无论平面印刷媒体的版面空间有多大，广告创意人员在进行广告创意的过程中，只能而且必须在有限的版面空间内通过静态的视觉和语言符号的创意组合将各种具象的元素与广告产品产生关联，以期达到较为理想的信息传播与诉求效果。这种内在的关联性越巧妙，其创意就越精彩。

2. 平面印刷媒体多是以近距离一对一的传播方式进行广告信息的诉求，且更适合为理性产品做理性诉求

一般而言，读者阅读报纸或杂志媒体时大多是在一个相对安静的场合，受外界干扰的程度相对较小，读者在接受平面印刷媒体的信息时也会更投入一些。因此，该类广告创意大都是以文案（语言符号）为核心，以图形画面（视觉符号）为配合，以便向目标受众传递尽可能清晰明确的产品信息，以利于受众对产品形成正确的理解并产生购买欲望。

3. 阅读平面印刷媒体的受众具有大致相同的兴趣和偏好，且他们在阅读时拥有绝对的主动性和选择性

基于上述特征，平面印刷媒体的广告创意就必须准确地把握有关广告发布在平面印刷媒体的读者共性，以便有针对性地对该平面印刷媒体的受众进行诉求；同时，由于平面印刷媒体的读者在阅读信息时拥有绝对的主动性和选择性，这就要求该类媒体的广告创意具有更强的可读性、趣味性和新颖性。

（二）影视广告创意

学者大都喜欢把影视媒体和广播媒体这两者统称为“电波媒体”，但笔者认为影视媒体与广播媒体在本质上仍然有着较大的区别。比如，广播媒体仅仅通过人的听觉器官感受广告信息；而影视媒体则通过人的听觉和视觉的综合作用来感受广告信息，这就必然使得两者的广告创意有着不尽相同的思维方式。

1. 影视媒体以时间为结构形式承载并传播信息

这是影视媒体区别于平面印刷媒体的最大特征。影视媒体的空间形态相对固定，广告主和广告创意人员都不可能对其空间形态予以改变，而只能在以时间为结构的形态中去构思广告创意。一般而言，利用影视媒体发布信息的广告只能在以秒为单位（60 秒、30 秒、15 秒或 5 秒）的时间结构内完成一次诉求。因此，广告创意人员就只能而且必须善于运用以时间为结构的表现形态进行创意思维。由于影视媒体的时间逻辑结构特征，影视媒体的广告作品在创意的构思中更强调产品诉求信息的故事性、情节性和前后情节的逻辑性。

2. 影视媒体是以直观、形象、逼真的动态画面综合作用于人体的视听觉器官，其传播的信息易使受众产生兴趣，但由于时间短暂，又很难使受众对信息产生较深的理解

诉诸受众视听觉器官，接受影像信息，是影视媒体相对于其他媒体的最大优势。影视广告画面切换快速，时间短暂，相关元素众多，信息量大，受众难以完整接受并理解一条广告的所有信息。但是，由于影视媒体引人入胜的逼真画面和动感十足的丰富音效，又很容易引起受众的兴趣并进而使受众对某个产品的广告产生感性的印象判断。因此，影视广告的创意在目的上并不是要刻意让受众对某产品广告信息有多深入的理解，而是应想方设法引起受众对某产品（品牌）产生正面的感性判断。总体而言，平面印刷媒体的广告创意所要解决的问题是如何让受众理解并相信广告所传播的信息，而影视媒体的广告创意所要解决的问题则是如何让受众感知并喜欢广告所演绎的信息。

3. 影视媒体的受众群体分散而杂乱，这就使得影视媒体的广告诉求难以针对某一目标群体进行构思和创意

影视媒体受众的分散性和杂乱性，使广告创意难以根据某类媒体受众群体的共性特征进行构思，其传播效果往往并不理想。另外，对于受众而言，影视媒体的信息传播方式具有强制性和不可复制性的特点。一方面可以使广告信息强行向受众撒播，但另一方面则又可能导致受众的逆反心理而对广告信息一概持怀疑态度。这就要求广告创意人员充分利用这一特点创作出能够在瞬间吸引受众兴趣并富有艺术品位的广告作品，从而达成较为理想的传播效果。

（三）广播广告创意

广播媒体与影视媒体一样也是通过以时间为单元的结构形式来传播信息的。但广播媒体却缺少视觉的画面，只能以听觉的口头语言和音效来传播广告信息。广播媒体的这一特征直接增加了人们接受广播广告的概率，却又导致了其渗

透率不高。广播广告要想做得精彩，就需要广告创意人员付出更多的心血。

广播广告的唯一手段是声音，但广播广告的创意绝不应该仅仅以声音作为唯一的创意要素，而应该用情境这个元素去进行创意思维。用音源塑造情境，以吸引听众的大脑对音源产生兴趣。让音源顺利通过听众的神经，从而刺激听众脑细胞的想象能力。于是，受众便可以“看”到你所希望展现的景象，并进而产生深刻的印象。

创意人员可以从中国传统说书人身上学到许多口头语言传播的技巧。功夫高的说书人，听众虽然只是闭着眼在听，但其脑海中却一样可以随着故事的情节展开自己的想象，时而风花雪月，时而阴风怒号；时而紧张，时而舒缓……而说书人的表情、服装、道具等都可有可无，个中诀窍便是“情境”二字。

（四）户外广告创意

户外媒体是典型的远距离视觉媒体，受众一般不可能站在马路上对着某一户外广告驻足观望，反复揣摩。因此，户外广告的信息诉求在文字上力求精简，在画面上力求单纯，使处于移动状态中的受众能够在瞬间便可以捕捉到广告的关键信息。户外广告创意的表现特色有以下两方面。

1. 诉求信息简洁明了，一望即知

由于受众在接受户外广告信息时处于移动状态，且易受干扰，如车流、建筑物、光线、树叶等对受众视线的阻碍，拥挤的交通和嘈杂的声响对受众注意力的分散等。因此，户外广告的创意一定要做到简洁明了，一望即知。一般只需传达品牌名称或广告语即可，无须传达过多广告信息。

2. 充分考虑各户外媒体的差异

户外广告创意所要考虑的因素比一般媒体要多。诸如人潮流动线、大楼天际线、日照状况、路边树木的高度、政府法规等，都或多或少地会对创意产生影响，有的甚至是致命的影响。比如，你打算在某一人潮汇聚的十字路口大楼正面租一块电子看板，鉴于十字路口宽广，你在计算看板至对面距离、看板大小比例后，很有信心地计算出在看板中放入多少字符与画面。但事后的效果评估却远远低于当初的预期值，究其原因，发现原来忽略了当地日照问题：该大楼正面朝西，中午以前日照不直射看板，中午过后强烈的日光直射看板，偏偏该路口午后才涌现大量的人流，这自然就使电子看板的广告效果大打折扣。

第四节 广告创意的地位与作用

一、广告创意的地位

（一）广告在市场营销中的地位

广告创意是广告运作的一个环节和步骤，而广告又是市场营销的一种手段和方式，要认识广告创意的地位，必须先了解广告在市场营销中的地位。

市场营销系统总的来说可分为人为不可控因素和可控因素。人为不可控因素是指营销活动中企业自身方面很难把握和控制的一些因素，主要有政治因素、文化因素、经济发展因素、自然灾害因素等。可控因素是企业可以把握和控制的一些内容，在这些方面，企业有很强的自主决断能力。可控因素主要包括四个方面：产品、价格、渠道、促销，即我们通常所说的市场营销组合或市场营销的 4P。而促销又包括了四种主要形式，即人员推广、销售促进、广告和公用关系。

由此可以看出，广告在市场营销中处于从属地位，整个广告的运作要考虑到企业营销目标、消费者、竞争对手、产品特点等诸多因素，要通盘思考，结合其他营销因素和营销手段才能达到较好的广告效果。

（二）创意在广告中的地位

创意是广告的灵魂与生命，在广告活动中具有举足轻重的作用。但在具体的实践中应全面了解广告创意，掌握科学的创意方法、实践原则与表达原则等以避免广告创意的盲目性与步入创意的误区。通过对广告创意概念的理解，了解广告创意的重要性和对广告创意的正确应用的分析，以及对于广告创意方法等的解析，从而揭示广告创意对于广告的重要性。

创意能赋予广告新的精神和生命。例如，美的安防摄像头广告通过新颖的创意来吸引消费者的注意，它的创意点是将偷盗行为搬上舞台，以此隐喻产品的可靠，加深广告影响的深度和力度，从而使广告诉求产生效果，诱发购买者的兴趣和需求，起到引导消费的作用，给美的企业带来巨大的经济效益。

通过对广告创意的含义分析，以及对于广告创意的实例分析和描述，阐明广告创意是一项艰苦而且具有创新精神的工作，是广告人智慧的结晶，是创造性思维的结果。例如，索尼随身听的广告，设计者将有效的创意结合了消费者的心理，并根据产品优越性能的特性，利用艺术手段，创作出了真正富有感染力的广告作品。这样的作品同时能发挥出吸引消费者的诉求力，使公众在艺术享受中，在经

意与不经意间，诱发及产生消费动机，从而达到广告宣传的最终目的。

广告创意与广告活动联系紧密。它的作用主要表现在本身即构成广告活动的一部分，为广告活动彰显艺术魅力、吸引眼球和提升广告活动的促销能力。在当代社会要做出优秀的广告策划，必须充分重视广告创意。

二、广告创意的作用

（一）广告创意有助于广告活动达成预定目标

广告活动作为一种经济领域的商业活动，最终自然是以盈利为目的。因此，广告创意必须有助于广告活动达成其营销与传播的预定目标，这也是衡量广告创意优秀与否的重要标准。

比如，TBWA 广告公司为瑞典生产的“绝对牌伏特加酒”所做的精彩绝伦的广告创意，就为绝对牌伏特加酒在国际市场的销售起到了至关重要的作用。这种酒刚进入美国市场时，消费者对该品牌几乎没有兴趣，市场销售一直不景气。后来，该品牌找到 TBWA 广告公司并与其长期合作，由 TBWA 广告公司的创意人员对产品进行了重新定位与主题确认，以“绝对”作为主题概念，以生活百态及各地区的地域文化特征为辅助元素，以绝对牌伏特加酒的包装瓶形为主要视觉符号，并将上述三个元素加以巧妙组合，从而诞生了一个取之不尽、用之不竭的大创意。可以说，正是凭着这样一个堪称广告经典之作的创意，绝对牌伏特加酒才会拥有如此多的消费对象，才会在俄罗斯正宗伏特加酒的挤压下异军突起，并在全球伏特加酒市场上跻身三甲之列。

（二）广告创意有助于广告进行告知活动

广告在其传播过程中是否能够完成其有关产品信息的告知与诉求的职责，很大程度上取决于广告作品是否具有创意。优秀的创意使广告作品更形象、更生动、更有可能使目标消费者对广告所诉求的品牌产生深刻的记忆。大量的研究数据表明，生动的信息传播能更好地吸引受众的注意力，维持受众的兴趣及启发受众的活跃思维。

（三）广告创意有助于广告进行劝服活动

广告的传播活动实际上就是一种与消费者的沟通活动，在沟通的过程中，广告的传播者绝不仅仅是满足于使消费者知晓广告中的产品信息，而是在此基础上努力劝服目标消费者对本产品的相关信息产生信任，并形成有利于本产品的态度甚至行为。为了使广告的传播活动尽可能地达成上述的劝服效果，广告人员在创作广告作品时尤其应该重视并追求精彩的创意表现。

调查表明，广告要想有更强的劝服力，就必须创造性地使用非文字信息元素来强化其诉求主题。例如，在印刷媒介的广告作品中使用信息性图表（彩色示意图、表格等）可以提高认知质量。色彩及空间的运用往往可以促使受众根据自身的文化背景和个人经历采取消费行为。

（四）广告创意有助于提升产品在消费者心目中的品牌形象

广告创意所体现出来的视觉表象当然是在介绍有关产品的信息，但一则真正优秀的广告创意还应该表达其深刻的文化内涵和对意识形态的思考与见解，从而使广告作品更隽永、更富品位、更耐人寻味。

意大利著名服装品牌贝纳通的诸多广告作品就是以有关反对战争、彰显人性、种族平等、重视环保等人们普遍关心的题材作为其产品的创意主题，向人们表明贝纳通品牌的文化魅力。这些广告作品以其深邃的文化理念和简洁的表现方式给人们留下了深刻的印象，当这种印象在市场口口相传时，贝纳通品牌在消费者心目中的价值在不知不觉间便得到了提升。

（五）广告创意有助于广告进行提示活动

设想一下，年复一年，一则广告如果是一成不变地用毫无变化、毫无创新的广告口号或方式邀请受众尝试广告产品，那么其诉求效果只能使人们对广告产品产生厌烦的拒绝心理。因此，在广告的传播过程中，只有不断地运用极富智慧和饶有趣味的创意，才会使乏味的广告诉求变成新颖有趣并耐人寻味的广告作品。耐克广告的创作案例便是最好的明证。纵观耐克的广告作品，没有几条提到过公司名称，甚至根本没有在广告作品上打出公司的名称，只讲述一个个故事，在画面上唯一可找到的广告主线索便是那个单纯的、拉长的“钩”。耐克的发言人说，耐克的广告不必去冒“长篇大论”的风险，因为“耐克的标志已经够出名的了”。我们每天所要思考的问题就是如何通过广告创意来反复不断地提示顾客一次又一次地购买我们的产品。

第七章　广告创意的原则

第一节　创意的相关性原则

相关性原则是广告创意中最基础的原则。这一原则基于广告最本质的特性与功用，特别是基于广告在营销传播过程中必须承担的任务，在对广告创意的审视中具有最大的适应性与优先性。也就是说，任何一个广告创意，首先必须遵循相关性原则；其他的创意原则，也必须在相关性原则的指导下发挥作用，如果不能满足这一原则，不论广告创意的想法多么新奇震撼，也不论设计制作多么精美，都不能被视为“好”的广告，甚至不能被视为“合格”的广告。

一、创意与产品的相关性

创意与产品的相关性指的是在对产品深入了解的基础上，广告创意应当是对产品内在属性及价值的充分展现，创意中的视觉元素、表现风格无不与产品有着密切的联系。这种联系，有的时候体现为一种人所共知的联想，有的时候体现为一种形象化的比喻手法，有时候则体现为对与产品有关的特定环境、氛围的营造……产生关联的方法尽可多种多样，达到的效果却始终如一。总之，这样的广告要让受众看过之后，不仅记得广告本身，而且记得广告所要传达的产品信息。

二、创意与目标消费者的相关性

目标群体是广告信息的接受者，让广告和他们产生最大限度的关联，是保证广告效果的最佳方法。早期的广告侧重点在产品自身，一般以产品的展示为主，但也不得不在创意的元素与风格方面充分考虑目标消费者的感受；随着市场竞争越发激烈，不同厂商的产品日趋同质化，广告的重点也从产品逐渐转移到了消费者那一方，在这种情况下，创意更应强调和消费者的关联。过去广告推销的是产品，如今的广告更应该推销一种生活方式、观念，甚至生活态度。既然广告创意的侧重点已经发生了变化，创意与目标消费者的相关性理所当然应当不断加强。

三、创意与市场背景及社会环境的相关性

广告通过媒体或其他形式将产品信息传达给消费者，这一传播过程并非处于真空。不论什么时候，广告总是处在一定的市场背景及社会环境中，所以广告必须充分考虑这两者的影响，与之形成独特的、有机的关联，并利用这一关联为创意服务。

第二节　创意的创造性原则

所谓“创意”，从字面上也可以拆解为“有创造性的意见或想法”。这说明，从原初的定义开始，广告创意就和创造性有着密不可分的联系，按其本质而言就已经包含着创造性。因此，创造性原则当然是广告创意的核心原则，也是专业领域内衡量广告水平高低的重要标准。对现代广告而言，创造性思维主要表现在以下几个方面。

一、创造性地洞察市场与消费者

调查无法保证一定产生卓有成效的洞察。因为调查得到的只是数据和事实，其重要性不在于提供现成的答案，而是对于市场与消费者的洞察提供准确的、辅助性的参考。没有调查，人们对市场和消费者的理解也许会出现偏差，但有了调查，并不能绝对保证人们的理解具备足够的深度和价值。

因此，在理解市场与消费者的过程中，必须充分运用创造性的思维，设身处地地考虑消费者的感受，要善于从多种角度思考问题，增强综合分析能力，最重要的是，要通过创造性的训练不断培养对市场与创意的直觉。

小巧灵便的甲壳虫汽车进入美国市场时，美国汽车的特点是宽大豪华，这也被视为美国人选择汽车的首要标准，因此，很多人对甲壳虫汽车的推广前景都持悲观态度。但伯恩巴克的“think small”这一经典广告语，创造性地洞察了消费者的需求，成功地在美国汽车市场上细分出一个新的空间。

二、创造性地理解与发掘产品价值

在产品日益同质化的今天，创造性地理解与发掘产品价值显得格外重要。在深入洞察市场与消费者的基础上，运用创造性的思维，可以挖掘他人认识不到或

者尚未认识到的产品价值：当这种独特的价值与消费者的生活方式有机联系的时候，必能唤起消费者的兴趣与好感，并促成其选择购买。利用创造性的思考，还可以通过广告为产品附加独有的心理价值，从而树立有别于其他同类产品的形象。当然，这种创造性的发掘必须服从相关性的原则，其效果也必须接受市场的考验。

在企业纷纷标榜自己实力的广告中，美国艾维斯出租车汽车公司“艾维斯仅仅是老二”的广告活动让人印象深刻。坦率承认自己的不足，反而让消费者看到企业的诚恳、用心，以及服务的细致与周到，而不是市场老大常有的傲慢、自以为是。这一广告活动创造性地挖掘了企业所提供服务的深层价值。

三、创造性地把握概念核心与创意元素

对市场、消费者、产品有了创造性的理解之后，就进入了具体的广告创意过程。如果说在此谈到的其他的几种创造性思维是从事任何岗位的广告人都应当力求掌握的素质，那么，“创造性地把握概念核心与创意元素”则是一个合格的创意人员应具备的特殊才能。如何在视觉上更具感染力，用简单的图形传达丰富的意蕴？如何让标题更简洁、更醒目、更能吸引眼球，让文案更具说服力？如何在理性的陈述中融入感性的轻柔，在感性的表现中添加理性的强力？这都需要创造性的思维。这种能力一方面来源于天赋，另一方面需要培养与锻炼，从实践中学习和总结，从他人的成功案例中得到启发，这些都可以帮助训练创意能力。

四、创造性的公关活动与媒体运用

创造性的思维不仅仅体现在某一则具体的广告中，公关活动的设计、媒体的运用都有可能利用到它。归根结底，不循常规、力求突破正是创造性的表现，不论处于广告活动的哪个环节，创造性思维都可以带来更新颖的传播方式，从而利用最少的资源产生最大的效果。

“农夫山泉”矿泉水创造性地设计公关活动，先是以“中国奥运体育代表团专用水”提升了品牌地位，后又宣传“买一瓶农夫山泉，捐一分钱”，通过各大媒体的报道，产生了巨大的新闻效应，最终不仅促进了销售，而且为“农夫山泉”树立了良好的品牌形象。

第三节　创意的冲击力原则

创意的冲击力也是广告业一直强调的原则之一。与相关性原则、创造性原则

相比，冲击力原则显得相对单纯。在广告创意中，冲击力是指通过创造性的手段，以广告概念、视觉形象或表现风格等元素给目标受众造成震撼性的心理感受，进而达到吸引注意、增强印象的效果。在我们所处的时代，市场竞争日益激烈，传播环境日益复杂，强调广告的冲击力自有其必要性。一般而言，实现广告冲击力的手段方法主要包括以下几种。

一、超常规思路的概念或想法

运用这种方法，冲击力的实现依赖的是对产品内在属性的深入挖掘和对创意概念本身的开拓，而不是依靠相对而言较为“外在”的表现风格、创意形式等诸多方面的努力。当然，通过此种方法实现冲击力的难度也非常大，并且由于市场竞争的不断激烈和商品日趋同质化，其难度正在变得越来越大。

贝纳通的一系列广告——从一只黑皮肤的手与一只白皮肤的手铐在一起，到一位黑人母亲哺育白人婴儿——无不隐含着强烈的反种族歧视的观点。这种超常规的表现形式，每次发布都会引起轩然大波，不同观点、不同阵营的人们之间的激烈争论，为该品牌带来了强大的传播效应。

二、不同寻常的视觉表现元素与风格

这是较为常用的方法，具体的表现形式千差万别，效果也各有不同。值得注意的是，在广告中，视觉元素与表现风格的选择并非任意而为，它必须受制于相关性原则。在某些视觉奇特、风格怪异的广告中，第一眼看过去，没有产品信息的展示，也缺乏让人联想到产品的视觉元素，似乎相关性原则已经失效，但我们深入考察就会发现，关联并非不存在。

这种手法最经典的例子就是中国台湾地区意识形态广告公司为中兴百货所做的一系列广告。这些广告形式怪异，带有装饰艺术的风格与后现代主义的特点，大量采用后工业社会中无意识崇拜的表象，表现现代人躁动不安的内心世界，引起了强烈共鸣。

三、远距离元素的组合

这里所说的“距离”指的是一种心理上的距离。按照常规的思维观念，这些元素之间没有任何联系，人们很少将这些元素联系到一起，这就是所谓的“距离”。这种元素上的远距离使组合后的视觉冲力得到提升。但倘若距离超过了一定限度，失去了关联性，只会让组合看起来怪异难堪。

第四节　创意的策略性原则

一、策略性原则的作用

在对产品、市场与消费者充分了解的前提下，让广告创意符合企业的市场战略、营销策略，并成为整体的营销传播运动中有机的环节，这就是创意的策略性。

策略性是广告创意必须坚守的一大原则，对现代广告而言，策略性具有如下作用。

1. 避免创意出现偏差

坚持广告的策略性，意味着必须把广告置于营销的大背景下进行审视。首先，要对市场进行深入透彻的分析；其次，要发挥广告人特有的对消费者的洞察力，从理性与感性的多个层面挖掘消费者的内在或潜在动机；接下来，要以上述分析作为基础，对产品本身的价值与优势进行理解和挖掘，直至寻找到合适的概念；然后，才以此概念作为核心，充分发挥创意的力量，以形象贴切、充满戏剧性的方式表达产品；最后，还需通过种种方式对创意进行审视，直至觉得创意已经符合广告的绝大多数标准。经过这一过程，一则广告才能以完整的面貌接受客户和市场的检验。

2. 形成整合性的力量，达到最大限度的传播效果

从整合营销传播的角度看，广告是整个营销传播过程中的一个环节。唯有统一的创意策略，才能保证各个传播渠道信息一致，在受众中形成不断叠加而非互相干涉的统一印象，进而达到最好的传播效果。

3. 形成统一的形象，保证长期的品牌战略

对一个企业或产品来说，通过长期的、连贯一致的广告运动，建立统一的品牌战略，是可持续发展与壮大的重要保证。在营销策略与品牌战略的指导下，制订行之有效的创意策略，可以保证品牌形象的统一，让消费者在对广告的接受中不断重复和深化对产品的印象，进而在消费者心中占据一个可靠的、稳固的地位。唯有这样，产品才有可能持续不断地占领市场。

二、有效创意策略的形成

1. 深刻理解企业的营销战略

随着科技的发展，生活水平的提升，人们对于生活质量和产品使用有了更高的要求。人类生活进入更加高端和广阔的平台，要想让产品获得更好的发展，需要制订科学有效的营销策略，而广告创意能够改变人们的生活，基于企业营销策略确定广告创意能够为人们带来新的生活方式，为企业带来源源不断的新商机。

2. 充分了解产品的特性

广告创意的最终目的就是要更新人们的思想观念，以利于广告目标的实现，而不是纯艺术中的“立意”，因此创意的表现离不开产品定位等广告策划做基础。因此，为了保证广告创意的有效性，需要充分了解产品特性。

3. 深入了解市场状况与竞争者的状况

市场需求对有效广告创意策略的形成具有导向作用，同时，知己知彼，百战不殆。因此，要形成有效的广告创意策略，广告人还需要对市场状况与竞争者状况进行全面调研，提高产品与市场的匹配度，增强在同行业的核心竞争力。

4. 洞察消费者的需求

消费者需求是决定广告创意策略是否有效的关键因素，因此，这就要广告人从实际出发，走近消费者进行详尽的市场调查，得出分析报告，为广告创意提供最有力的支持。

第八章　广告创意的思维与方法

第一节　广告创意的思维

一、思维分类

（一）抽象思维

抽象思维亦称逻辑思维，是认识过程中用反映事物共同属性和本质属性的概念作为基本思维形式，在概念的基础上进行判断、推理，反映现实的一种思维方式。

（二）形象思维

形象思维是用直观形象和表象解决问题的思维，其特点是具体形象性。

（三）直觉思维

直觉思维是指对一个问题未经逐步分析，仅依据内因的感知迅速地对问题答案作出判断、猜想、设想，或者在对疑难百思不得其解之时，突然对问题有“灵感”和“顿悟”，甚至对未来事物的结果有“预感”“预言”等都是直觉思维。

（四）灵感思维

灵感思维主要指凭借直觉而进行的快速、顿悟性的思维。它不是一种简单逻辑或非逻辑的单向思维运动，而是逻辑性与非逻辑性相统一的理性思维整体过程。

（五）发散思维

发散思维是指从一个目标出发，沿着各种不同的途径去思考，探求多种答案的思维，与收敛思维相对。

（六）收敛思维

收敛思维是指在解决问题的过程中，尽可能利用已有的知识和经验，把众多的信息和解题的可能性逐步引导到条理化的逻辑序列中去，最终得出一个合乎逻辑规范的结论。

（七）分合思维

分合思维是一种把思考对象在思想中加以分解或合并，然后获得一种新的思维产物的思维方式。

（八）逆向思维

逆向思维是对司空见惯的似乎已成定论的事物或观点反过来思考的一种思维方式。

（九）联想思维

联想思维是指人脑记忆表象系统中，由于某种诱因导致不同表象之间发生联系的一种没有固定思维方向的自由思维活动。

二、创意思维的方法

创意思维是人类解决问题、寻求发展的重要工具。思维就是在人脑子中运用概念以作为判断和推理的功夫。人的思维是在一定的心理结构中进行信息加工的过程。创意思维是人类创造的根本所在，在文明发展的过程中，创意思维体现出具有其本质的一般特性。

（一）创意思维具有社会性

人类的思维总是以物质为基础的，不管它多么抽象、经过了多少人脑的加工。人类的发展、文明的进步，离不开人类创意思维的作用，当然，反过来说，人类的生存、发展和进步是思维创造的动力。思维的发展方向和水平主要取决于个人所处的社会环境。人的健康状况和个体差异可以制约思维的速度，但并不能决定

人的思维的质量。现代人比之古代人，在创意思维上更具有活力，得益于人类社会的发展、文明的进步。个人会受到不同社会环境的熏陶、文化传统的影响，会使其有着不同的思维层次甚至不同的经济状况，个人所受教育情况和家庭出身等也会对思维产生影响，可以说，人类凭借自身以思维为核心的智能促进了社会经济和科学文化的发展，而一定的社会经济和文化科学又反过来制约人类思维的发展程度和继续发展的可能，这就是创意思维的社会性。

（二）创意思维具有灵活性

创意思维并无现成的思维方法和程序可循，所以它的方式、方法、程序、途径等都没有固定的框架。进行创意思维活动的人在考虑问题时可以迅速地从一个思路转向另一个思路，从一种意境进入另一种意境，多方位地尝试解决问题的办法，这样，创意思维活动就表现出不同的结果或不同的方法、技巧。例如，目前中国市场的奶制品处于一个比较困难的时期，中国奶制品行业一系列的负面消息几乎让中国人对于中国的奶制品失去了信心。作为广告人，如果对于这一点都没有洞察，无疑不可能有好的作品产生。这个时候奶制品广告不能仅仅强调产品本身的味道、营养，更重要的是要强调产品的质量。这体现了创意不能仅仅针对产品，还要审时度势，灵活考虑行业发展状况，结合实际来进行。

（三）创意思维具有新颖性

创意思维贵在创新，它或者在思路的选择上，或者在思考的技巧上，或者在思维的结论上，具有“前无古人”的独到之处，具有一定范围内的首创性、开拓性。一位希望事业有成、活出意义或成为一个称职的领导的人，就要在前人、常人没有涉足，不敢前往的领域“开垦”出自己的一片天地，就要站在前人、常人的肩上再前进一步，而不要在前人、常人已有的成就面前踏步或仿效，不要被司空见惯的事物迷惑。因此，具有创意思维的人，对事物必须具有浓厚的创新兴趣，在实际活动中善于跳出思维常规，对“完善”的事物、平稳有序发展的事物进行重新认识，以求新的发现。这种发现就是一种独创，一种新的见解、新的发明和新的突破。

（四）创意思维具有风险性

创意思维活动是一种探索未知的活动，因此要受多种因素的限制和影响，如事物发展及其本质暴露的程度、实践的条件与水平、认识的水平与能力等，这就决定了创意思维的过程是极其艰苦的探索过程，并不能每次都取得成功，甚至有可能毫无成效或者得出错误的结论。这就是创意思维本身所具有的风险性。但是，无论创意思维取得什么样的结果，在认识论和方法论范畴内都具有重要意义，即使是它的不成功结果，也给人们提供了以后少走弯路的教训。

第二节　广告创意的类型

一、以理性诉求为主的广告

（一）商品情报型

这是最常用的广告创意类型。它以展示广告商品的客观情况为核心，表现商品的现实性和真实性本质，以达到突出商品优势的目的。

（二）比较型

这种类型的广告创意是以直接的方式，将自己的品牌产品与同类产品进行优劣的比较，从而引起消费者注意和认牌选购。在进行比较时，所比较的内容最好是消费者所关心的，而且要在相同的基础或条件下比较，这样才能更容易刺激消费者的注意和认同。

比较型广告创意的具体应用就是比较广告。在进行比较型广告创意时，可以是针对某一品牌进行比较，也可以是对普遍存在的各种同类产品进行比较。广告创意要遵从有关法律法规以及行业规章，要有一定的社会责任感和社会道德意识，避免给人以不正当竞争之嫌。在我国，对于比较广告有严格的要求，所以在进行比较型广告创意时一定要慎之又慎，不要招惹不必要的麻烦或纠纷。

（三）证言型

这种广告创意援引有关专家、学者或名人、权威人士的证言来证明广告商品的特点、功能及其他事实，以此来产生权威效应。人们一般信以为真地、毫无批判地接受来自权威的信息。这揭示了这样一个事实：在其他条件相同的状况下，权威效应更具影响力，往往成为第一位的作用。许多国家对于证言型广告都有严格限制，以防止虚假证言对消费者的误导。证言型广告有如下两点注意事项：其一，权威人的证言必须真实，必须建立在严格的科学研究基础之上；其二，社会大众的证言，必须基于自己的客观实践和经验，不能想当然和妄加评价。

（四）类推型

这种类型的广告创意是以一种事物来类推另一事物，以显示出广告产品的特点。采用这种创意，必须使所诉求的信息具有相应的类推性。

（五）抽象型

抽象是与具象相对应的范畴，它是隐含于具体形象内部的质的规定性。在广告创意中采用抽象型的表现方法，是现代广告创意活动中的主要倾向之一。也就是说，在现代广告主题的创意表现上，越来越多的广告主和广告公司并不以广告的具体形象的表现为主调。而在某些时候更多地采用抽象式的内涵来表现。这种创意一旦展示在社会公众面前，从直观上难以使人理解，但一旦加以思维整合之后，就会发现，广告创意的确不凡。

广告创意并不局限于以上所列示的类型。还有如解说型、宣言型、警示型、质问型、断定型、情感型、理智型、新闻型、写实型等，在进行广告创意活动时，均可加以采用。

二、以情感诉求为主的广告

（一）故事型

这种类型的广告创意是借助生活、传说、神话等故事内容的展开，在其中贯穿有关品牌产品的特征或信息，借以加深受众的印象。由于故事本身就具有自我说明的特性，易于让受众了解，使受众与广告内容发生连带关系。在采用这种类型的广告创意时对于人物择定、事件起始、情节跌宕都要做全面的统筹，以使在短暂的时间里和特定的故事中，宣传出有效的广告主题。

这种广告创意类型既可以通过戏剧表演形式来推出广告品牌产品，也可以在广告表现上戏剧化和情节化。在采用戏剧型广告创意时，一定要注意把握戏剧化程度，否则容易使人记住广告创意中的戏剧情节而忽略广告主题。

（二）拟人型

这种广告创意以一种形象表现广告商品，使其带有某些人格化特征，即以人物的某些特征来形象地说明商品。这种类型的广告创意，可以使商品生动、具体，给受众以鲜明而深刻的印象，同时可以用浅显常见的事物对深奥的道理加以说明，帮助受众深入理解。

（三）比喻型

比喻型广告创意是指采用比喻的手法，对广告产品的特征进行描绘或渲染，或用浅显常见的道理对深奥的事理加以说明，以达到帮助受众深入理解，使事物生动具体、给人以鲜明深刻的印象。比喻型的广告创意又分明喻、暗喻、借喻三种形式。

（四）夸张型

夸张主要是为了表达上的需要，故意言过其实，对客观的人、事物尽力做扩大或缩小的描述。夸张型广告创意是在客观、真实的基础上，对产品的特征加以合情合理的渲染，从而突出产品的本质与特征。采用夸张型的手法，不但可以吸引受众的注意，而且还能取得较好的艺术效果。

（五）幽默型

幽默是借助多种修辞手法，运用机智、风趣、精练的语言所进行的一种艺术表达。采用幽默型广告创意，要注意：语言应该是健康的、愉悦的、机智的和含蓄的，切忌使用粗俗的、生厌的、油滑的和尖酸的语言。要以高雅风趣表现广告主题，而不是一般的俏皮话和耍贫嘴。

（六）悬念式

悬念式广告是以悬疑的手法或猜谜的方式调动和刺激受众的心理，使其产生疑惑、紧张、渴望、揣测、担忧、期待、欢乐等一系列心理，并持续和延伸，以达到为释疑而寻根究底的效果。

（七）意象型

意象即意中之象，它是有一些主观的、理智的、带有一定意向的精神状态的凝结物和客观的、真实的、可见的、可感知的感性征象的融合，它是一种渗透了主观情绪、意象和心意的感性形象。意象型广告创意是把人的心境与客观事物有机融合的产物。

在采用意象型广告创意时，有时花很多的笔墨去反映精神表现，即“象”，而在最后主题的申明上都仿佛弱化，其实对受众来说，自己可以理解其内涵，即“意”。在意与象的关系上，两者具有内在的逻辑关系，但是在广告中并不详叙，

而是让受众自己去品味“象”而明晓内在的“意”。可见，意象型实际采用的是超现实的手法去表现主题。

（八）联想型

联想是指客观事物的不同联系反映在人的大脑里，从而形成了心理现象的联系。联想是由一事物的经验而引起回忆另一看似不相关联的事物的经验的过程。联想出现的途径多种多样，可以是在时间或空间上接近的事物之间产生联想，在性质上或特点上相反的事物之间产生联想，在因形状或内容上相似的事物之间产生联想，在逻辑上有某种因果关系的事物之间产生联想。

第三节　广告创意的方法

一、头脑风暴法

（一）头脑风暴法的起源与特征

头脑风暴法又称脑力激荡法、集脑会商思考法。1939 年，美国 BBDO 广告公司负责人亚历克斯·奥斯本为员工没有创造性的创意而苦恼，他开始主持群体思考会议，发现获得的创意的数量比之前多，创意的质量也都不错。1948 年，亚历克斯·奥斯本在其著作《你的创意能量》中正式提出头脑风暴法。头脑风暴法主要是通过将广告公司内部各方面的人员聚在一起，围绕一个主题和目标，进行头脑风暴，以寻求最佳的广告创意。它依靠的是集体的智慧和力量，故也有人将其称为集体思考法。头脑风暴法目前应用十分普遍，虽然其最早诞生于广告界，现在很多行业在分析问题或做决策时都应用该方法。

头脑风暴法的特点是让与会者敞开思想，使各种设想在相互碰撞中激起脑海的创造性风暴，这是一种集体开发创造性思维的方法。该方法的核心是高度充分的自由联想，这种集体自由联想方式可以实现知识互补、思维共振、相互激发，从而产生众多的创意。头脑风暴法主要分为直接头脑风暴法和质疑头脑风暴法。直接头脑风暴法是在群体决策基础上尽可能激发创造性，产生尽可能多的设想的方法。质疑头脑风暴法是对已提出的设想、方案、创意逐一质疑，发现其现实可行性的创意方案。目前，头脑风暴法已经成为创意人获取创意最重要的方法之一。

（二）头脑风暴法的实施步骤

头脑风暴法的实施已经很普遍，在广告业界已经形成了一个比较固定的步骤。

1. 在实施之前必须精心准备

在会议之前需要确定一个主持人，该主持人对项目和议题有充分的了解。项目主持人或协调人一般应于会议前几天将会议的主题、举行的时间和地点通知每一位与会者，使其有时间预先思考、准备。会议的议题尽可能明确、单一，最好一个会议围绕一个核心主题来展开，不要纠缠太多问题。同时，与会人员也不要太多，一般以 10~15 人比较合适，不要超过 15 人。人员分布不要太集中，应具有广泛的代表性，广告公司的参与者主要包括策划人员、文案人员、客服人员、媒介策划人员、设计人员等。另外，需要提前布置会议现场，座位排成圆形的环境往往比教室式的环境更为有利。

2. 热身阶段

这个阶段的目的是创造一种自由、宽松、祥和的氛围，以便活跃气氛，使大家得以放松，进入一种无拘无束的状态，利于思维。主持人宣布开会后，先说明会议的规则，然后随便谈点有趣的话题或问题，让大家的思维处于轻松和活跃的状态。比如，说说笑话、猜谜语、听一段音乐等。

3. 明确问题

主持人扼要地介绍有待解决的问题。介绍须简洁、明确，不可过分周全，否则过多的信息会限制人的思维，干扰思维创新的想象力。

4. 畅谈阶段

畅谈是头脑风暴法的创意阶段，为了使大家能够畅所欲言，需要制定一些规则。主持人首先要向大家宣布这些规则，如果时间允许，可以让每个人先就所需解决的问题独立思考 10 分钟左右。随后引导大家自由发言、自由想象、自由发挥，使彼此相互启发，相互补充，真正做到知无不言，言无不尽。可以按顺序“一个接一个”轮流发表意见，如轮到的人当时无新构想，可以跳到下一个。如此循环，新想法便会出现。与会人员每讲出一个主意、方案，速记员马上写在白板上，使每个人都能看见，以利于激发出新的方案。经过一段时间讨论后，大家对问题已经有了较深程度的理解。为了使大家对问题的表述能够具有新角度、新思维，主持人或速记员要对发言记录进行归纳、整理，找出富有创意的见解和具有启发性的表述，供下一步头脑风暴时参考。

5. 筛选阶段

通过组织头脑风暴畅谈，往往能获得大量与议题有关的设想。至此任务只完

成了一半，更重要的是对已获得的设想进行整理、分析，以便选出有价值的创造性设想来加以开发实施，即设想处理。设想处理的方式有两种：一种是专家评审，可聘请有关专家若干人（5 人左右为宜）承担这项工作；另一种是二次会议评审，即所有与会人员集体进行设想的评价处理工作。通过评审将大家的想法整理成若干方案，经过多次反复比较，最后确定 1~3 个最佳方案。

总之，头脑风暴法的实施要求会议自始至终都在比较轻松、自由、和谐的氛围中展开，尊重每个与会者提出的构想与建议，欢迎每一种创意的产生与出现，最大限度地调动每一个与会者的积极性，激发其创造力[①]。

（三）影响头脑风暴法效果的因素

头脑风暴法在创意实践中取得了很好的效果，但也存在一定的问题，主要是应用者比较容易忽视头脑风暴法的影响因素。影响头脑风暴法实施效果的因素主要有如下几个。

1. 主持人的个人素质

头脑风暴法能否成功很大程度上取决于主持人的素质，一般来讲一个合格的头脑风暴法主持人需要具备下列条件：了解召集会议的目的；思维敏锐，表达归纳能力强；掌握头脑风暴法的原则；善于引导大家思考和发表观点；能自己发表倾向性观点；善于阻止相互间的评价和批评。

2. 与会人员自身的素质

头脑风暴法与会人员应由下列人员组成：方法论学者——专家会议的主持者；设想产生者——专业领域的专家；分析者——专业领域的高级专家；演绎者——具有较高逻辑思维能力的专家。具体应按照下述三个原则选取：①如果参加者相互认识，要从同一职位（职称或级别）的人员中选取，领导人员不应参加，否则可能对参加者造成某种心理压力。②如果参加者互不认识，可从不同职位（职称或级别）的人员中选取，主持者不应公布参加会议人员的职位，以免造成心理压力。不论与会人员的职称或级别是什么，在头脑风暴会议中都应同等对待。③参加者的专业应力求与所讨论的决策问题相一致。专家中最好包括一些学识渊博，对所讨论的问题有较深理解的其他领域的专家。

3. 环境因素

良好的环境是头脑风暴法成功的重要条件。选择的会议地点应该具备下列条件：①准备一间安静、光线柔和的办公室或会议室。②严禁电话或来人干扰。③准备录音机把畅谈的全过程录下来。④一块白板以及相应的书写工具，便于记录员记

---

① 饶德江．广告策划与创意[M]．武汉：武汉大学出版社，2006：150.

下所有与会人员的观点。

4. 问题的难易程度

头脑风暴法实施的效果与所要讨论的问题的性质、范围、难易程度有关，如果问题过于敏感，或者与参与者有利害关系，或者参与者都不熟悉，或者问题范围太大、时间跨度过长，或者问题太难以把握，这些因素必然会对参与者产生影响，使其过于谨慎而不能畅所欲言，从而影响头脑风暴的效果。

（四）电子头脑风暴法

当人类进入计算机时代，传统的头脑风暴法也得到了延伸，一种新的电子头脑风暴法便产生了。传统头脑风暴法的一个问题是大群体通常不会比小群体产生更多的主意，即人数比较多的头脑风暴群体往往是低产的，或者说群体成员边际头脑风暴效率随群体增大是递减的。另一个问题是头脑风暴群体没有相同大小的名义群体产生的主意多（名义群体法指的是将主意产生问题提供给互不相知的人，他们分别独立完成该项工作，然后将他们的结果汇集起来的方法）。迪尔和施特勒欠认为这个问题主要是群体交互过程中的产出障碍、受评忧虑和免费搭车造成的。努尼梅克等认为当群体增大时，“过程损失”会超过“过程增益”，从而导致大的头脑风暴群体的低产现象。群体决策支持系统的发展为传统的头脑风暴法提供了崭新的环境。群体决策支持系统将通信、计算机和决策技术相结合，支持群体会议中问题的形成和求解，还支持系统通过消除沟通障碍、提供结构化决策分析技术及系统地指导讨论的模式、时限或内容来达到提高群体决策质量和效率的目的。电子头脑风暴法是群体决策支持系统环境下的一个典型部件。电子头脑风暴法环境会打破传统头脑风暴法环境下的问题结构、文化规范和规则，改变“过程损失”和“过程增益”的强度和结构，从而对主意产生的结果产生重大影响。

电子头脑风暴法对主意产生活动能起到更好的促进作用，这在于它有如下优点：①并行性，即群体成员可以将其产生的主意同时输入计算机中而不会受到产出障碍或发表意见时间不均的约束。②群体成员产生的所有主意可以通过电子头脑风暴法过程存放在服务器的公共文件中，群体成员可以公平方式对其共享。③匿名所产生的主意并不附加其作者的姓名。

当然，电子头脑风暴法更适于一些规模较大的现代化企业做决策之前的头脑风暴。对于广告公司来说，使用较多的依然是传统的头脑风暴法，因为广告公司在围绕一个创意做头脑风暴时，参与者的数量是受到一定控制的。广告公司的头脑风暴也不追求创意思想产生的数量，关键看创意的质量，能够吸引消费者与用户、能够与用户形成深度沟通的创意就是好的创意。

二、垂直思考法和水平思考法

（一）垂直思考法的特点

垂直思考法是指传统逻辑上的一种思考方法。顾名思义，垂直思考法是沿着一个方向垂直向下连续思考，因而它明显的特点是思考的连续性和方向性。连续性是指思考从某一状态开始，直接进入下一状态，如此渐进，直到最终解决问题，中间不会间断。方向性则是指思考问题的思路或预先确立的框架不得随便改变。事实上，垂直思考法是一种深入的逻辑上的思考，它对广告创意的产生存在重要作用。创意人在思考创意的时候，一旦确定了广告创意的主题方向，就可以利用垂直思考法，围绕此广告主题不断深入思考，思考如何更好地表现该创意主题。当然，在确定该广告主题的表现方式之后，还可继续利用垂直思考法，思考如何利用恰到好处的创意形式表现单纯统一的广告主题，以吸引目标群体的关注，从而打动其内心，与其产生深度的共鸣。

当然，垂直思考法也存在致命的缺点。由于垂直思考法是具有方向性与连续性的思考方法，它不允许思考的中断。创意人在利用垂直思考法进行创作时，一旦方向错了，就会产生南辕北辙的后果，广告创意则无法体现明确、打动人心的广告主题；即使广告表现做得再棒，也无法与目标群体进行有效的沟通，更无法实现广告活动的目标。因而，为了弥补垂直思考法的缺陷，水平思考法便应运而生了。

（二）水平思考法的特点

在思考管理的实践中，英国剑桥大学爱德华·德·博诺博士提出了水平思考法。水平思考法是针对垂直思考法而言的。水平思考是一种既非逻辑性又非因果性，而是属于超越性的思考方法。它可从答案出发来对问题进行思考。水平思考法提倡从常规思路中走出来，寻找新的思路。爱德华·德·博诺博士曾说："大多数的人，过于重视旧知识与旧经验，根据所谓的旧经验，逐渐产生了'创意'。这就是以垂直思考法观察或思考某一件事。这种思考方法，往往会阻碍'创意'的产生。与其利用垂直思考法去产生创意，不如用水平思考法来得有效。水平思考法就是完全脱离了既存的概念，对于某一件事，重新思考与检讨的一种方法。"

日本广告学者植条则夫在《广告文稿策略——策划、创意与表现》中，归纳了水平思考法的四条原则：第一，找到支配性的构想；第二，寻求各种各样的看法；第三，从垂直性思考的强烈习惯束缚中挣脱出来；第四，有效利用偶发性的机遇。也就是说，水平思考法有助于创意人找到支配式的构想。当广告创意的主题还没有确定时，我们不能够只是朝着一个方向或一个主题来思考，而要利用水平思考法，尽量将思维打开，寻求各种各样的想法，从不同的维度或主题去思考广告创意。比如，如果要给一个婴儿奶粉做广告创意，一般是从奶粉的购买者婴儿的妈妈的角度出发来进行创意。但水平思考法告诉我们，不仅可以从奶粉的购买者妈妈的角度出发，还可以从奶粉的使用者婴儿的角度来构思创意，尽管两岁以下的婴儿不能够清晰表达，但是创意中可以幽默地表现婴儿自己对某个品牌的需求。婴儿（baby）原本属于广告创意3B原则中最重要的一个原则，让不会说话的婴儿自己说话，自己选择，广告创意才显得更加有趣味。当然，还可以从婴儿爸爸的角度来思考创意，就传统思维来说，购买奶粉都是妈妈的事，但“奶爸”的作用愈来愈明显，一个初为人父的“大男孩”如何照顾自己的小宝贝，成为一个称职的“奶爸”，其中肯定隐含了很多有趣、充满爱的故事。另外，还可以从奶粉本身的角度来创意，不是简单地介绍某个品牌奶粉的营养指标和功能，而是让某个品牌的奶粉拟人化，让这个品牌的奶粉成为照顾婴儿的小伙伴，可以为他们之间的关系创作很多有趣的故事。现在的奶粉广告大多是从妈妈的角度出发进行创意的，少数品牌也有请男士代言的，如张学友、郎朗分别代言了不同品牌的奶粉，但是广告创意只是借助了明星的高知名度来获取注意力，并没有创作有趣的、打动人心的情感故事。在明星代言泛滥的时代，这样简单的广告创意事实上并不能够与其目标群体产生深度的共鸣。

水平思考法的运用要求我们从垂直性思考方法中跳出来，也就是不要总是围绕一个方向纠缠不清。当我们坚持走一条路时，如果方向错了，那就还会是南辕北辙，必须果断放弃，寻求其他出路。所以，在广告创意的过程中，一开始时千万不要执拗于某个创意就是最好的，要尽量多问问：这个创意主题是最好的吗？还有没有其他更好的创意主题？可以从哪些角度来构思创意呢？

另外，在创意过程中，要善于利用偶发性创意灵感。尽管我们不主张创意等同于灵感乍现，但好的创意是当你利用水平思考法将思维完全打开之后，在你大脑里储存的各种资料、信息突然在某个时刻（也许是在你的梦中，也许是在你刷牙时，也许是在你发呆时）转变成创意的灵感闪现在你的脑海里，这个时候你就获得了一个很棒的创意思想，要抓紧一切时间把这宝贵的创意思想记录下来，不能让这个偶发性的创意灵感跑掉。

（三）垂直思考法与水平思考法的差异与联系

水平思考法提出之后获得了很多人的追捧，认为该方法跳出了传统垂直思考法的局限，对创意的产生具有非常深远的影响。但是，事实上水平思考法与垂直

思考法存在其各自的优势。我们不仅要了解两者间的差异，更需要了解在创意实践过程中，两者之间是如何联系产生作用的。

1. 垂直思考法与水平思考法的差异

爱德华·德·博诺指出，水平思考法的技巧之一，就是有意识地运用大脑的推理能力。与垂直思考法中步步为营的做法不同，水平思考法可以随意选择一个新的位置，然后从这个位置往回推演，努力在这个新位置和起点之间建立一条逻辑路径。如果这条路径是合理的，那么将会找到一个新的创意或方向，而垂直思考无法找到新的创意与路径。如果这个随意挑选的路径最后被证明是不可靠的，这个路径就会被舍弃，对创意本身不会产生坏的影响，也就是多了一次"试错"的机会。

同时，爱德华·德·博诺还明确指出垂直思考是一种高可能性的思考，而水平思考则是一种低可能性的思考。没有这种高可能性的思考，我们的日常生活将不可能进行下去。水总是从高处流向低处，并在流动的过程中形成河道。垂直思考正是像水一样沿着既有的河道往前流动，并在流动过程中进一步拓宽河道，使之成为未来唯一的河道。但是，我们也可以有意开凿一条新的河道以改变水的流向，甚至还可以在旧河道上筑坝拦水。

另外，爱德华·德·博诺也从总体上归纳了水平思考法与垂直思考法之间的差异，以下选取其中最重要的几条差异进行分析。

（1）垂直思考法是选择性的，水平思考法是生生不息的。也就是说，垂直思考法一般只选择一个路径或方向，而水平思考法的路径或方向很多。

（2）垂直思考法只在一个方向移动，水平思考法的移动是为了产生一个新方向。垂直思考法的思维无论如何移动，都是固定在某个方向之内；而水平思考法刚好相反，每次思维的移动都是为了获得一个新的方向。

（3）垂直思考法是分析性的，水平思考法则是激发性的。也就是说，垂直思考法是围绕一个路径或方向进行详细的分析和解剖，而水平思考法则是激发性思维产生的。

（4）垂直思考法是按部就班，水平思考法则可以跳来跳去。垂直思考法必须一步步沿着同一个方向进行思考，而水平思考法则欢迎跳跃式的想法。

（5）垂直思考法必须每一步都正确，沿着同一个方向进行思考；而水平思考法则不必每一步都正确，即使某个方向有错误，也没有关系。

（6）垂直思考法排除不相关者，水平思考法则欢迎新东西。既然垂直思考法是沿着某个方向或路径来展开思考，那么它一定要将与此路径或方向不相关者排除在外；而水平思考法则非常欢迎不相关的新路径、新方向或新想法，因为水平思考法是发散性的，就是为了获取更多、更好的想法、路径。

（7）垂直思考法探索最可能的途径，水平思考法则探索最不可能的途径。垂直思考法一开始就认定某个路径或方向是最可能的、最佳的，因而才会围绕此路径或方向进行垂直的、深入的思考；而水平思考法则没有固定某个路径或方向，而是处于不断的探索过程中，探寻各种可能的路径或方向，甚至会发掘最不可能的路径或方向。

2. 垂直思考法与水平思考法的联系

爱德华·德·博诺在提出水平思考法之后，并没有完全忽视垂直思考法的作用。他反复强调水平思考法只是垂直思考法的一个补充，他曾经在接受采访时说，汽车有四个轮子，每个轮子都很优质，但是每个轮子单独都不可能起到作用。思维也是这样，我们有逻辑思维，这是一个很好的轮子，但这是不够的。我们还需要有水平思维、感性思维，这是对传统思维方式的一种改变。按照以前的想法，就好像是在玩桥牌，现在改变了规则，开始打扑克，这是与以前不一样的地方。但是这也是一种对以前思维方法的增加。水平思维和垂直思维方式相辅相成，是传统思维模式的一种补充。

事实上，在创意实践过程中，垂直思考法与水平思考法的应用是互相补充的。表 8-1 反映了水平思考法与垂直思考法的差异，也从反面印证了两者在创意实践过程中的联系。水平思考法是没有固定方向的，或者说存在多个方向，那么在创意原点发现之前或创意主题确定之前，就需要运用水平思考法来打开思维。当思维打开之后，会产生很多创意的主题、方向或路径，这时可以判断少数几个非常独特的主题或方向，运用垂直思考法沿着特定的方向或路径深入下去，不能偏离路径或方向，将这少数几个独特的创意不断进行细化，就会获得很棒的广告创意。因而，我们认为，垂直思考法与水平思考法在创意实践过程中是相辅相成的关系，只是两者在创意过程中运用的时机与扮演的角色不同。一般来说，水平思考法运用的时机是在创意主题或方向确定之前，而垂直思考法刚好与其相反，是在创意主题或方向确定之后运用；水平思考法在创意产生过程中扮演的角色是确定创意主题、方向或路径，而垂直思考法将确定好的创意主题或方向更加细化，从而形成最终的创意。

表8-1　创意产生过程中水平思考法与垂直思考法的特点

	垂直思考法	水平思考法
方向性	固定某个方向	无固定方向，多个方向
连续性	连续性强	无连续性
逻辑性	垂直逻辑	产生新逻辑

续　表

	垂直思考法	水平思考法
创意思维深度	较深	较浅
创意数量	数量少	数量较多
创意中运用的时机	在创意主题或方向确定之后	在创意主题或方向确定之前
创意中的扮演角色	将创意深化、细化，形成最终创意	确定创意主题或方向

三、思维导图

（一）思维导图理论概况

思维导图又叫心智图，是表达放射性思维可视化的图形思维工具。英国著名心理学家托尼·巴赞于20世纪70年代最早提出思维导图。放射性思考是人类大脑的自然思考方式，每一种进入大脑的资料，不论是感觉、记忆或是想法，包括文字、数字、符码、香气、食物、线条、颜色、意象、节奏、音符等，都可以成为一个思考中心，并由此中心向外发散出成千上万的关节点，每一个关节点代表与中心主题的一个联结，而每一个联结又可以成为另一个中心主题，再向外发散出成千上万的关节点，呈现出放射性立体结构。那么，如何将人类的放射性思考记录和保存下来？思维导图就是一种将放射性思考具体化与可视化的方法。思维导图运用图文并重的技巧，把各级主题的关系用相互隶属与相关的层级图表现出来，把主题关键词与图像、颜色等建立记忆链接，最终将大量信息变成有颜色、易记忆、易组织的图画。

托尼·巴赞将思维导图分为三大层次：纵向思维、横向思维和发散性思维。在思维导图中，纵向（垂直）思维属于“同一家族”内的思考，其典型的思维特征是由点及线，视觉表现相对比较容易；横向（水平）思维属于“旁系家族”内的思考，超越垂直思维的“同一家族”的思考；发散性思维将从更广的层面来思考，是创意中的灵魂，因为它通过味觉、视觉和嗅觉三位一体的“灵感思维”，将简单的创意作品或行为上升到了情感交流、情感互动层面。

（二）思维导图在广告创意实践中的运用

思维导图是一种全新的思维方式，结合了全脑的概念，包括左脑的逻辑、顺序、条例、文字、数字以及右脑的图像、想象、颜色、空间整体等。思维导图的训练是从一个点出发，在大脑中形成概念与联想，由此点出发无限地让自己的思维开始蔓延，让大脑活跃起来，所有的思维导图概念都是由大脑发出指令，激活自己的意识，再由意识来带动潜意识的发挥。在广告创意实践中，思维导图需要确立一个主题概念或关键词。利用思维导图进行广告主题概念放射性思维训练的具体步骤如下。

第一，以主题概念为中心，对其进行分析，从消费者的立场洞察他们的心理，与他们一起思考、一起感受，对主题概念进行转化。第二，必须将主题概念（也可以是中心概念图形）画在白纸中央，从此点出发，开辟若干条不同路线，把思路打开。此时路线可以被分为三条：一条形象思维、一条逻辑思维、一条情感思维。第三，沿着不同路线开发元素，根据生活经历与常识，将可能产生的元素沿着路线放射并快速记录下来，进而展开捕捉闪光元素的行动。第四，大脑必须高速工作，必须在 40 分钟左右让思想尽快流动起来。为了方便思考，以上四点均用文字表述搭架。寻找创意闪光点的过程如同探险家寻宝的过程，只有突破常规，才能出奇制胜。第五，将具有新鲜感的文字或图形元素纳入坐标轴，形成导图的闪光点；或者围绕主题产生新的观点，将几个有趣的闪光点连接起来，使之发展成一个创意雏形，然后进行具体的创意叙事文案及广告语言。

概括起来，在创意实践中使用思维导图时需注意以下几点：①在确定了主题概念之后，将其放在白纸中央，从白纸中间开始画；②尽可能多地使用不同颜色的笔来画思维图；③尽量用曲线来画，而不要用直线；④最好用图像来表达思想，而少用文字；⑤由核心概念延伸几条主线之后再发散；⑥每条线上最好注明一个关键词。

总之，在广告创意思维的训练中，思维导图可以帮助人们打开想象的思维，调动各种思维方式（包括纵向思维、横向思维和发散性思维），产生众多相关或不相关的话语、创意的片段，最终有助于促进广告创意的形成。

四、旧元素新组合的创意方法

（一）旧元素新组合的含义

旧元素新组合的创意方法源于二旧化一新法。二旧化一新法是亚瑟·科思勒在研究人类心智作用对创意的影响时提出的。它的基本含义是新构想常出自两个相抵触的想法或两个不相关的想法的再组合，而这种组合是以前从未想到的。也就是说，两个相当普遍的概念或想法、情况甚至两种事物，把它们放在一起，会神奇地获得某种突破性的新组合。后来，创意人发现，不只是两个不相关的元素组合在一起会产生突破性的创意，有的时候两个以上的旧元素组合在一起，也会产生令人拍手称好的创意。于是，二旧化一新法便延伸为旧元素新组合的创意方法。

根据旧元素新组合方法的基本原则，有限的元素通过不同的组合，可以形成无限的新构想。正如我国著名广告人莫康孙所言，百种化学元素经过不同的组合变成了我们每天接触的日用品、食品、工具等；分色印刷的四原色可以组成千千万万的不同色彩；钢琴上的七主调白琴键和五小调黑琴键又演绎着世世代代的音乐名曲。旧元素新组合的创意方法最主要的价值在于能使创意者把各种不相关的甚至相抵触的事物经过冲突组合而产生另一个更让人注目的创意构想。

（二）旧元素新组合创意方法的运用

旧元素新组合的创意方法在广告创意的生产过程中运用十分普遍。可以说，基本上大多数广告创意都来源于旧元素的重新组合。美国的广告人詹姆斯·韦伯·扬对旧元素新组合的创意方法进行了深入探讨。他认为，创意的基本原则有两个：其一，创意完全是把原来的许多旧要素作了新的组合；其二，必须具有把旧元素予以新组合的能力。广告人必须有着生活与事件的“一般知识”，将这种“一般知识”与来自产品的“特定知识”加以重新组合，就可以形成创意。而这种对各要素进行重新组合的创意方法就类似于万花筒中所发生的组合，万花筒中放置的彩色玻璃片越多，其构成令人激动的新组合的可能性就越大。同样，广告人在平时积累的旧元素越多，也就越容易利用旧元素组合成新的创意。

在广告创意的实践过程中，旧元素新组合创意法的运用必须注意以下几个方面：①旧元素必须是目标受众所熟悉的。也就是说，在选择创意的旧元素时，一定要选择目标受众比较熟悉的事物或人物，不要选择目标群体不熟悉的事物或人物，导致目标受众摸不着头脑。另外，创意旧元素的选择会随着地域、民族、文化而发生变化。假设需要选择历史人物进行创意，要依据目标群体的认知情况与接受情况来分析。在国内进行广告创意，应该选择中国的历史名人，如李白、苏东坡等；而在国外情况就不同了，如在法国进行广告创意，则可以选择雨果、大仲马等。②新组合后也是目标受众熟悉的元素。也就是说，两个或两个以上的旧元素组合在一起，形成新的元素所产生的象征意义，也一定是目标群体能够理解的。如果说胡乱地把熟悉的元素组合在一起，不产生任何能够被理解的意义，那么这种新的组合不会产生广告效果，也是徒劳无用的。③新组合后所产生的新元素或意义要能够反映广告主题。在利用旧元素新组合方法进行创意时，不是为了产生好玩的创意而随意将两个甚至更多的元素组合在一起，而是为了更有效地表达广告主题，才将旧元素组合在一起产生新的元素。如果不能够恰到好处地反映广告主题，即使创意的表现非常令人惊奇，也不能算是一个好的创意。④旧元素进行新组合后必须带来趣味性、戏剧性、吸引力、冲击力，给目标受众留下深刻的印象。如果没有趣味性和戏剧性，只是将两个旧元素生硬地摆放在一起，就不会吸引目标群体的注意力，更不可能有效地反映广告创意主题了。

因而，旧元素的选择和组合必须注重策略和技巧。旧元素新组合创意法的使用是为了更好地表现广告主题，产生戏剧性的视觉冲击力，体现广告所要传播的品牌的个性。

五、用户体验和分享创意想象

（一）互联网时代的互动广告创意

传统媒介时代，广告都是经过被控制的大众媒介传播平台传播出去，受众观看或阅读了广告之后，没有有效、便捷的互动平台，而导致无法即时、快速地对广告进行反馈或评论。同时，传统媒介广告是单向的传播，广告本身的表现形式互动性不强。在移动互联网时代，广告的互动性比起传统媒介时代具有了颠覆性的改变。首先，移动互联网技术的发展让每个人随时随地都可以通过智能手机的移动端发布相关的信息或评论。只要手机能够上网，当用户在不同的网络媒介平台接触到个广告之后，动动手指，就可以发表评论。移动化的社交媒体给用户提供了互动的机会和空间。其次，移动互联网时代互动广告的意识和理念不断增强，多数创意人从骨子里已经形成了创作有趣的互动广告的想法。移动互联网平台理所当然地成了互动广告最大且最为普遍的媒介或载体。

互动广告作为一种广告活动，必须具备以下四个条件：内容主题、受众、时间、媒介或载体。离开其中任何一个条件都不能构成互动广告。互动广告作为一种广告手段是符合人类的自然沟通行为的一种双向沟通理念，它区别于传统的广告方式。互动广告的形式有很多种，如线上互动广告、线下互动广告、线下与线上相结合的体验互动广告等。比如，目前广告游戏是一种为了起到广告宣传作用而设计开发的互动游戏产品，其核心理念是将游戏作为一种广告载体进行开发，使消费者通过玩游戏而接收到广告主想传达的广告信息。广告信息需通过前期的创意策划而确立，在游戏的故事背景、人物和场景设计，以及游戏中出现的互动情节、道具物品、人物对话等细节处体现出来。又如，当用户在网络中谈论与广告主、商品、消费服务等相关的话题时，移动社交媒体的广告平台便可以把相关的品牌信息或商品促销信息等植入用户的对话中。

随着互动传播技术的发展，传统广告与互动广告之间整合的趋势越来越明显。两者之间不是竞争性关系，而是互补性关系，并且谁也不能取代谁。两者的整合可以实现资源共享与互文作用。广告资源的共享与互文作用进而又可以带来新的广告价值和机会。

（二）体验和分享：互动广告的本质

体验和分享是互动广告的本质。互动广告是基于用户或消费者的使用体验和接触体验而展开互动的，没有良好体验的互动广告是不成功的。分享是互动广告效果的延伸，没有分享的互动广告只能产生局部效应，用户或消费者体验过后不愿意分享，说明用户在体验过互动广告之后，发现它没有意思、不好玩或者没有分享的价值，如果具有分享的价值，那么用户和消费者在快速传播的移动互联网时代，一定会将自己的体验分享给朋友。

1. 情感体验

1999 年 4 月，美国学者约瑟夫・派恩和詹姆斯・吉尔摩合著的《体验经济》一书中提出，可以将到目前为止的社会经济形态区分为产品经济、商品经济和服务经济三种基本类型。经济社会的发展是沿着产品经济—商品经济—服务经济的过程进化的，而体验经济则是更高、更新的经济形态。如同服务经济从商品经济中分离出来一样，体验经济也是从服务经济中分离出来的。体验本身代表着一种已经存在但先前并没有被清楚表述的经济产出类型，它作为一种独特的经济提供物将为我们提供开启未来经济增长的钥匙。

体验是使每个人以个性化的方式参与其中的事件，是当一个人达到情绪、体力、智力甚至于精神的某一特定水平时，意识中所产生的美好感觉。体验策划者不再仅仅提供商品或服务，而要提供最终的体验，充满了感性的力量，给顾客留下难忘的愉悦记忆。消费者在体验广告中可以获得个性化的感受，根据受众参与广告途径的不同，体验广告通常分为感觉体验广告、情感体验广告、思维体验广告、关系体验广告、行动体验广告五种。

体验是互动广告的本质，互动广告是基于用户的体验进行设计的，没有体验的互动广告，不能产生真正意义上的互动。情感是人对客观事物的体验及相应的行为反应。在互动体验广告中，用户或消费者的情感体验设计至关重要。情感体验就是将消费者的参与融入设计活动的过程之中，通过营造特定的、互动性的意象空间，为消费者提供全方位、立体式的美好体验的过程。消费者的情感体验是广告创意作品的延伸和再创造，互动式的情感体验使广告和消费者达到深层次的内在沟通和观念碰撞。移动互联网时代的互动广告应该以情感为基础，以体验的方式，潜移默化地将一种理念、生活方式和概念传播给用户或消费者。

2. 移动社交媒体“分享”信息流

在移动互联网时代，传播不再是由上而下，也不是单向的传达，“分享”成为传播最重要的特征。各种移动社交媒体上到处都是“分享”的信息流。对于建立在移动互联网平台的虚拟社群来说，信息分享的重要意义之一就是建立良好的互动关系，使其成员在信息分享中逐渐形成对社群的忠诚度和信任感，促进信息分享行为的持续发生，维系虚拟社群的长久运转。虚拟社群中的成员共享一套社会规则和共同的语言，拥有与传统社群类似的社会化、提供信息、建立归属感和认同感的功能；虚拟社群的成员之间既可能是匿名的人际互动，也可能是现实生活中人际网络的扩大和补充；虚拟社群联结了网络和现实社会生活，虚拟和真实的世界互相镶嵌。

当下，“90后”、“00后”的年轻人更喜欢分享。出去旅游时，看到的美景、吃到的美食、路上的奇遇，转眼间都变成文字或图片，分享到微信朋友圈或微博。读到一篇好的文章，看到一部好的电影，可能也会很快把相关的信息与自己的感受分享到朋友圈。在移动互联网时代，分享无处不在，因此在做创意的时候，也应该时刻从用户“分享”的心理出发，做出的创意要有“分享”的乐趣。

（三）体验和分享：创意想象的来源

在移动互联网时代，创意人可以基于用户的体验与分享来创作广告创意。体验和分享成为广告创意想象的重要来源。在利用用户的体验与分享心理进行创意时，要注意以下几点。

1. 认真分析用户或消费者的心理

情感体验广告必须以用户或消费者为中心，结合认知心理学原理，以情感体验为基点，提升广告的认知度，只有这样才能更好地与消费者进行交互式的沟通，不断加深广告在消费者心目中的认知度、美誉度和信任感，从而达到广告传播的目的。

2. 要注意用户体验参与的便捷性

如果用户或消费者感觉体验一个广告很烦琐，很可能会失去体验的兴趣；而设计巧妙、体验便捷的互动广告就会受到目标群体的喜爱。

3. 要创作行动体验式广告

行动体验广告需要用户或消费者客观真实地介入，用户或消费者具体的行为参与是广告创意设计与传播的一个必要组成因素。行动体验广告对用户或消费者产生的冲击力是最强的。当然，这种广告创意的创作对于受众而言必须是既轻松简单又乐趣无穷的。

4. 体验互动广告要充满分享的乐趣

一个人体验通常不是很好玩，约上三五好友一起体验分享，才充满更多的乐趣。如何让用户能够有兴趣分享呢？创意人需要分析用户或消费者的内在心理和个性特征。同时需要展开想象的翅膀，创造一个用户愿意分享的话题，并且结合线上与线下的传播，让微信朋友圈、微博等平台都开始传播和分享这个话题。

第九章　广告媒体与创意

第一节　传统广告媒体

一、报纸媒介

报纸是最早出现的大众传播媒介，虽然随着电视媒介的发展，报纸的影响力受到了一定的冲击，但时至今日，报纸仍然是重要的广告媒介之一。

（一）报纸媒介的种类

按报纸所属区域范围分，可分为全国性报纸、省级报纸和地方性报纸三类。全国性报纸指的是以全国范围内新近发生的重大时事和要闻为传播内容的报纸。省级报纸指的是以全省范围内新近发生的重大时事和要闻为传播内容的报纸。地方性报纸指的是以地区、县市范围内新近发生的重大时事和要闻为传播内容的报纸。

按报纸传播信息领域分，可分为时政、经济、娱乐、法制、体育、生活服务六类。时政类报纸指报道全国以及国际时事政治和世界各国政治局势发展动态的报纸。经济类报纸指报道全国以及国际经济发展动态，经济领域新情况、新现象和新问题的报纸。娱乐类报纸指报道全国以及世界各地娱乐活动、明星动态等信息的报纸。法制类报纸指报道全国以及国际法制发展变化情况和问题的报纸。体育类报纸指报道全国以及国际体坛盛会、体育界发展动态的报纸。生活服务类报纸指以人民群众日常生活中衣、食、住、行等需求为报道对象，以提高人们的物质和精神文化生活水平为目的的报纸。

从办报方针来分，可分为党报、都市报、行业报三类。党报是党和政府指导各项工作的重要舆论工具，是旨在教育群众、引导社会舆论和维护政府权威及其良好形象的报纸，是政府政治系统的有机组成部分。都市类报纸指对都市和城市中新近发生的事实进行报道的报纸。行业性报纸指对专门领域、专门行业内新近发生的事实进行报道的报纸。

（二）报纸媒介的传播特性和受众特性

报纸是视觉媒介，通过印刷在平面纸张上的文字、图片、色彩、版面设计等符号传递信息。利用视觉供人阅读，是报纸媒介最大的特点，是与其他媒介相区别的最鲜明特征，其他特点都是以这一特点为基础的。

报纸的保存性强，信息固定持久，可以保留和重复阅读、广泛传阅，所以报纸是解释型媒介，适合传达深度信息。

报纸读者的选择性强，阅读的顺序、时间、地点、快慢、详略都由读者自己决定，读者在接收信息时处于主动地位。

报纸受众地区性强并且相对集中，报纸发行区域固定、发行量稳定，可以确保信息的预期到达率。报纸出版定时，因此读报很容易成为大众规律性生活的一部分。

受众处于专注接收状态。由于报纸诉诸受众的视觉，受众不可能在阅读的同时进行其他活动，所以处于一种较为从容专注的接收状态。每一种报纸都拥有相对固定的订阅者和购买者，并且由于报纸的定位相对稳定，对某一方面的信息关心度较高的受众会长期、反复地选择同一家报纸，所以报纸的受众群体相对稳定。

报纸媒介也有一些弱点和缺陷，主要表现为如下几个方面：①报纸借助文字传播，因此要求读者了解一定的文化背景，这限制了读者的范围。②与电视的声像并茂相比略逊一筹。报纸传递信息的方式是靠文字和图片，而文字和图片相对于电视的声像并茂来说，显得过于静态和枯燥，倘若信息量相同，受众自然愿意选择声像俱佳的电视媒介。③时效性偏弱，传播不够广泛。报纸受工作程序的影响，不可能实现现场直播，因此在时效性和传播范围上的优势并不明显。④和网络相比，互动性不够强。报纸和读者之间的联系，可以通过读者来信、读者座谈等形式实现，报纸通常通过这些形式来接收反馈信息，以更好地调整自己的版面和报道内容，但这种方式耗时长久，而且效果不够理想。尤其和互动性非常强的网络媒介相比，报纸传受双方的互动性较弱。

（三）报纸媒介广告的类别

报纸广告具有不同的类别，依据一定的分类标准，可以分为如下类别。

依据内容，报纸广告可分为形象广告、产品广告、联合广告、新闻广告、声明广告等。形象广告是对地域、企业、机构、社团等的历史、文化、传统、规模、

资本、技术、销售、标志、开业、订货、展销、合同、评比等多方面的内容进行信息传达的广告，信息特征具有总体性和概括性；产品广告是对产品的具体信息，如产品特性、功能、造型、规格、使用、储存、维修、价格、获奖等进行传达的广告；联合广告是指信息内容是对企业形象与产品信息共同传达的广告；新闻广告是对新产品上市、用户表扬、鉴定会、招待会、祝贺等有关企业或产品的信息进行传达的广告，具有一定的新闻报道的痕迹；声明广告是对敬告用户、服务启事、作废启事、迁移启事、寻人启事、开业启事、征婚启事、失物启事、招领启事等内容进行信息告知的广告。

依据广告形式，报纸广告可分为单体广告、连续广告和系列广告。单体广告是指在一期报纸上只刊一次广告；连续广告是指以同一个产品或形象为主要诉求内容，连续、重复地在报纸上刊出的广告形式；系列广告是指一个广告分几个不同的方面刊出，如同一个企业的不同品牌分几次刊出。

（四）报纸媒介的广告优势

报纸广告具有消费者地理针对性强、广告创意适时性强、广告信息充分、广告信誉高、受众兴趣大以及广告成本低等优势特点。

在地理性上，地区性日报、晚报都可以使广告到达地理范围明确的目标受众。许多报纸试图通过为广告开发特殊版本的做法提高自己的目标针对性。在创意的适时性上，由于制作标准报纸广告和日常出版内容所需的时间较短，因而报纸可以使广告及时地到达自己的目标受众。在广告信息传达上，虽然报纸版面的创意空间不如电视那么大，但报纸却可以给广告主提供重要的创意机会。由于版面较大，相对价格便宜，因而可以用比较低的成本向目标受众传递大量的信息，对于那些需要详细文案才能表达清楚的产品和服务来讲，这一点非常重要。在广告信服力上，人们仍然认为“登在报纸上的一定是事实”。人们的这种观点，加上大多数报纸的社会形象，为广告创造了一个有利的环境。在消费者兴趣上，坚持看报纸的读者都是对报纸感兴趣的忠实读者，这给地方性经销商创造了一个理想的环境。从制作和版面两方面来看，报纸都属于低成本的媒介。

二、杂志媒介

杂志媒介与报纸媒介一样，也是一种历史较长的大众传播媒介。

（一）杂志媒介的种类

杂志按内容涉及的范围，可分为综合性杂志和专门性杂志两类。综合性杂志又称一般性杂志，指的是政治、经济、法律、文学、艺术，以及天文、生物、物理和化学等多方面内容都刊登的杂志。后者又称为专业性杂志、行业性杂志，可分为政治、经济、军事、法律、科技、医药卫生等不同行业。

杂志按内容的性质，可分为时事政治类、时事经济类、社会科学类、自然科学类、文学艺术类、生活时尚类杂志等。按照内容的二分法还可以把杂志分为学术与非学术杂志、文学与非文学（虚构与非虚构）杂志、原创类和文摘类杂志等不同类型。我国传统上把杂志分为综合类、哲学社会科学类、自然科学技术类、文化教育类、文学艺术类、少儿读物类、画刊类杂志等类型，其主要依据也是杂志的内容。

杂志的阅读对象也是杂志分类的重要标准。按照读者的性别，杂志可分为男性杂志和女性杂志。按照读者的年龄层次，杂志可分为老年、中年、青年、少年和幼儿杂志。随着杂志市场的日益成熟，越来越多的杂志开始针对特定年龄的读者群。

按刊期，杂志可分为定期和不定期两类，定期出版的杂志包括三日刊、周刊、旬刊、半月刊、双周刊、月刊、双月刊、季刊、半年刊、年刊。

按发行范围分有国际性杂志、全国性杂志和地区性杂志。国际性杂志具有国际标准连续出版物号（ISSN），可在国际范围内发行。全国性杂志主要在国内发行，有国内统一连续出版物号（CN）。地区性杂志又称区域性杂志，是指发行范围限于某一地区甚至是某一城市等较小地域范围内的杂志。近年来，地区性杂志在我国发展较快，出现了一大批以北京、上海、广州等大城市，甚至某些三四线城市为发行区域的财经类、旅游类、城市生活类直投杂志。

（二）杂志媒介的传播特性和受众特性

杂志媒介与报纸媒介同属印刷媒介，其传播特性有许多相似之处。

杂志也是视觉媒介，通过印刷在平面纸张上的文字、图片、色彩、版面设计等符号传递信息。

杂志的出版周期越长，杂志的保存时间越长。杂志在各种大众媒介中保存性最强，信息最持久，可以长时期保留、重复阅读、广泛传阅，所以杂志也是解释型媒介，适合传达深度信息。

杂志读者的选择性强。阅读的顺序、时间、地点、快慢、详略都由读者自己决定。读者在阅读时处于主动地位，可以自主地选择阅读时间和阅读版面。

杂志发行区域固定、发行量稳定，可以确保信息的预期到达率。杂志出版定时，因此读者很容易读到，成为其生活规律的一部分。杂志受众一般具有稳定的订阅和购买习惯，读者群非常稳定。

读者阅读非常专注。由于杂志诉诸受众的视觉，受众不可能在阅读的同时进行其他活动，所以杂志的读者在接收信息时处于较为从容专注的状态。受众对内容的关注程度非常高，同样是印刷媒介，报纸读者的浏览多于阅读，而杂志读者的阅读则非常仔细。

（三）杂志媒介广告的类别

杂志一般提供封二（封面的背面）、封三（封底的背面）、封底、内页广告等版位。广告的版面规格通常有整版、半版、四分之一版、六分之一版等多种，封二、封三、封底一般只刊登整版广告，内页广告则可以包括不同的规格。另外，可以配合杂志正文，让产品信息参与到文章中，或举办随刊赠送活动等。

杂志页面有固定的装帧次序，而且无法移动，所以杂志的广告版位往往直接影响到广告注目率，也直接影响到广告的价格。一般说来，封底价格最高，封二次之，封三再次，内页版位价格最低。

除此之外，杂志还有出血版广告以及折页广告。所谓出血版，即广告的背景色一直延伸到版面的边缘，取代标准的白边。折页广告是一种超宽的广告，这种广告同出血版一样要额外支付费用，广告主经常在高档杂志的封二采用折页广告形式。

（四）杂志媒介广告的优势

杂志广告具有受众针对性强、受众心理兴趣高、消费者接受性强、创意自由、广告寿命长、传播干扰少、广告信息充分，以及诉求准确等优点。

在受众针对性上，杂志具有更为固定的编辑方向，阅读人口较为固定且有一定的特质，可以为广告主提供明确的选择方向，进而瞄准高度细分的受众。这种细分以人口统计特征、生活方式或特殊兴趣为依据。受众细分可以精细到非常狭小的范围，也可以宽泛到跨越多个兴趣群体。在受众兴趣激发上，杂志更是因为自己的内容而吸引受众，受众会自愿阅读广告。读者阅读专注认真，广告的说服力较强。杂志需要读者花费较多的金钱来购买，这也促使他们比较认真地阅读。同时，读者选择性强，不会像广播电视受众那样，对突然出现的广告产生逆反心理。在创意方法上，杂志可以调整广告面积、色彩、空白以维持受众的兴趣；由于大多数杂志的纸张质量非常好，因而色彩还原的效果非常出色，适合高关心度商品的广告。同时，杂志还可以尝试各种创意技巧，如自动弹出式广告、摩擦散味式广告、带香水条的广告，甚至还有带微小电脑芯片，可以闪烁亮光或演奏音乐的广告。杂志广告寿命长，可以长期重复阅读，有利于增加二手读者的人数。

杂志读者受教育程度较高，因此购买力普遍较强。另外，杂志读者特性集中、明确，适合做诉求对象非常集中的广告，刊登复杂的广告信息，对广告信息进行充分的说明和解释。杂志在做版面安排时，很少在一个版面上安排多个广告，因此不容易相互影响，广告效果自然更好。

三、广播媒介

广播是通过无线电波或导线定时向广大地区传播声音节目的大众传播媒介。广播在所有的主流媒介中最默默无闻，但随着专业化广告媒体的发展，针对特殊消费群如老人、有车一族的专业化广播媒体越来越受到人们的重视。

（一）广播媒介的种类

按照传播方式的不同，广播可以分为有线广播和无线广播。有线广播是通过导线或者光导纤维所组成的有线传输分配网络，将广播节目信号直接传递给用户接收设备的区域性广播。有线广播主要分布在农村和中小城镇，传播范围有限。目前用作广告媒介的广播主要是无线广播。无线广播是通过无线电波传送节目的广播形式。

按照调制方式的不同，广播可以分为调频广播和调幅广播。

按照使用的波长可以分为长波广播、中波广播、短波广播、超短波广播等。

由于大众传播媒介的竞争，受众兴趣的分化，广播出现了专业化的趋势。专业电台在某一方面为受众提供专门服务，节目内容有特定的范围。目前的专业电台有新闻台、教育台、体育台、文艺台、音乐台、交通台等。由于播出特定内容的节目，专业电台一般拥有稳定的受众，受众兴趣相对固定。

（二）广播媒介的优缺点

传播快捷，时效性强。广播传播以电波为载体，电波的速度为每秒30万千米，相当于绕地球赤道七圈半，传播到收听者的时间差几乎为零。

覆盖广泛，渗透力强。广播传播具有容易接收的特点，在传播上能超越国界，覆盖面广，收听限制少，且收听随意，不受环境限制。

广播的信息容量大，受众参与方便，而且收听工具价格便宜。

声情并茂，感染力强。广播传播信息主要依靠声音符号。声音符号作用于人的听觉器官，人们可以通过音响和有声语言较直接地理解传播的内容，它比文字的表现力更直接、传神。声音本身具有丰富的形象性，可以表达人们各种情感和气氛，如喜、怒、哀、乐、惊恐、无畏、紧张、轻松、诚恳、虚伪、粗暴、亲切、踏实、轻浮、爽朗、忧郁、热烈、沉闷等，声音的传真性能使人产生视觉形象，闻其声如见其人，听其声如临其境。

手段多样，参与性强。广播可以借助电话、手机短信、网络平台等新技术完成声音符号的生产，并形成多样化的传播形式，如开通热线电话、推出实时播报，为听众直接参与广播创造了机会，使得广播在一定程度上似乎有了一对一人际传播的亲和力，双方在互动中获得同步交流、共同分享的心理满足感。

广播媒体也有一些弱点和缺陷，如线性传播，选择性差。广播按时间顺序播出，听众只能按时间顺序一个节目一个节目地听，往往当时想听的内容没有，而不想听的内容却在广播中出现。所以有时听众会感到受限制，缺乏选择的自由，处于被动地位。另外，广播也具有转瞬即逝、保留性差的缺陷。

（三）广播媒介广告的类别

广播电台主要提供四种类型的广告时段。

节目广告，即电台划出一段固定的节目时间，这段时间的节目名义上由广告客户提供，提供节目的客户可以在节目中插播广告，一般收费较高。

插播广告，即在节目之间播出的广告。

电台广告节目，即在一个固定的时间段里，连续播放数家广告客户的广告。插播广告和电台广告节目通常按照一般的标准收费。

报时广告，即在报时的间歇播出广告，通常是钟表企业的广告。报时广告既是广告，也提供报时服务，听众的关注度比较高，广告价格也相对较高。

广播广告一般有 60 秒、30 秒、15 秒、5 秒等规格，对于录播的广告的时间有严格的限制，而由播音员或节目主持人现场播报的广告，时间限制则没有那么严格。

（四）广播媒介广告的优势

广播媒介的广告具有目标受众针对性强、广告成本低、广告的灵活性和实时性高、创意效果较好等优点。

在目标受众的选择上，广播可以按目标受众的地理范围、人口统计特征和消费心理，有选择地针对他们制作节目。地方电台的传输范围比较狭窄，这反倒给广告到达小范围地域内的受众提供了有利条件。从广告成本角度看，无论按单位接触成本，还是按绝对成本计算，广播都是较为合算的媒介。另外，广播广告的制作成本非常低，如果是电台直播广告，广告主根本不需要花任何制作费。从广告发布的灵活性上看，广播是最灵活的媒介，因为广告主可以在离截稿期非常近的时候交稿，有了这种灵活条件，广告主便可以不失时机地利用特殊事件或特定竞争机会创作广告。另外，虽然广播在感官刺激上比较单一，但它就像想象的剧场，综合利用声音、音乐、音效的广播广告作品也能产生令人难忘的艺术效果。

四、电视媒介

电视是大众传播媒介中最晚出现，但发展最快的媒介。从世界范围看，电视也是覆盖面最广、最大众化、影响力最强的大众媒介，更是最有效力的广告媒介。

（一）电视媒介的种类

按照传输技术的不同，电视可以分为有线电视、无线电视、卫星电视等。有线电视使用同轴电缆或光纤电缆传送节目，或者利用单一天线接收播送讯号再经过放大增强，经过电缆直接传送到地区内的电视接收机。有线电视节目通常需要付费订购。无线电视通过无线电波传送节目，由于无线电视台直接覆盖的范围有限，所以要获得更广泛的传播就要借助光缆、微波中继、卫星等电视手段。近年来，卫星电视在我国获得了迅速的发展。所谓卫星电视，就是通过卫星传送电视节目的电视系统。

按照覆盖范围的不同，电视可以分为全国性电视媒介和地方性电视媒介。我国最主要的全国性电视媒介是中央电视台。但是随着卫星电视传播技术的发展，越来越多的省级电视媒介已经覆盖全国，成为实际上的全国性电视媒介。

按照电视传播内容的不同，电视又可以分为新闻频道、体育频道、经济频道、电影频道、音乐频道、戏曲文艺频道、生活频道等。电视台的专门频道与广播的专业电台一样，播出特定内容的节目，同样会形成稳定的观众群。

（二）电视媒介的传播特性

电视媒介具有明显的传播优势：一是电视真实直观。电视能把一个产品全方位、直观真实地表现出来，而且可以真实反映实物具体操作过程，以指导消费者使用，极易使消费者了解商品的复杂结构。二是电视富有动感，感染力强。电视是一种视听结合的媒介，是集文字、声音、动作表现于一身的综合媒介，具有最强的感染力。三是电视有较高的关注度，有利于激发受众情绪，达到良好的传播效果。

当然，电视也具有较大的缺陷：一是电视传播稍纵即逝，不像印刷媒体那样传播的信息可以长时间保存和查找；二是电视缺乏选择性，观众在收看电视节目时，一般都是非主动接收，受众不能改变节目的播出顺序，不能选择要观看的节目，容易产生抗拒情绪。

（三）电视媒介广告的类别

电视媒介提供的广告时段与广播媒介相近，包括节目广告（特约播映、冠名节目）、插播广告、广告节目、报时广告等类型。与广播媒介不同的是，电视媒介通常根据收视率的高低，将插播广告和广告节目划分为不同的等级，制订差别很大的收费标准。

电视广告也有60秒、30秒、15秒、5秒等不同规格。由于电视节目安排非常紧凑，而且电视的播出技术相对复杂，所以电视媒介对于广告规格的限制非常严格。

（四）电视媒介广告的优势

电视媒介广告的传播具有受众针对性强、创意效果好、传播效率高、广告单位成本低等优势。在受众选择上，电视节目正在努力开发吸引小范围目标受众的节目，包括有线电视和各种专业性电视频道等，如新闻台和旅游台。这使得节目的受众具有极大的共性，广告效果有了更大的保证。在创意上，电视广告能用图像和声音传送信息。作为视听合一的媒介，电视媒介适合再现形象和过程，现场感强、形象真实、可信度高，能给观众带来一种面对面交流的亲切感。电视能够直观展示产品及其使用过程和使用效果，具有很强的说服力和感染力。在传播效率上，电视普及率在全世界范围内都很高，有线电视在全世界到达的家庭数已经达到了十几亿户。另外，没有哪种媒介可以像电视这样让广告主如此频繁地重复自己的信息。最后，以单位成本看，电视黄金时段和收视率高的节目可以到达无数家庭，这使得广告主的单位接触成本降到了很低的水平，任何其他大众媒介都无法与之相比。

第二节　非传统广告媒体

一、互联网媒体

随着国际互联网的不断发展，网络已经成为诉诸视觉和听觉符号，能够传播文字、声音、图片、运动图像等多种信息的新传播媒介。1998年5月，联合国新闻委员会在年会上正式宣布，互联网已成为继报刊、广播、电视等传统大众媒体之后新兴的第四媒体。20 世纪末，随着互联网在全世界的飞速发展，网络广告异军突起，成为 21 世纪最有希望、最具活力的新兴广告形式。

（一）互联网广告的类型

以国内门户网站为例，网络广告的形式主要可分为标准广告和赞助广告两种。

1. 标准广告

标准广告包括横幅广告、按钮广告、文字链广告、电子邮件营销广告、富媒体广告、流媒体广告，以及插片广告、视窗广告等。

（1）横幅广告。多数以横贯页面的形式出现，该广告形式尺寸较大，视觉冲击力大，能给网络访客留下深刻印象，多为 gif 或 flash 格式。

（2）按钮广告。表现为图标的广告，广告主通常用其来宣传商标或品牌等特定标志。按钮广告是一种与横幅广告类似，但是占用面积较小，而且有不同的大小与版面位置可以选择，以小型 gif 或 flash 等格式为主的网络广告。版面位置的安排较有弹性，可以放在相关的产品内容旁边，是广告主建立知名度的相当经济的一种选择。

（3）文字链广告。以简短的文字说明介绍广告内容，一般为 8 个字左右。该形式要求广告内容突出，宣传目的明确，使客户一目了然，是一种性价比较高的广告形式，但需要好的文字广告语创意来吸引目标客户。

（4）电子邮件营销广告。以邮件的形式发送到受众邮箱中，一般 5 万封起。可以选择目标客户群体作定向发送投放。

（5）富媒体广告。富媒体广告种类较多，一般具有动画、声音、视频、交互等丰富的表现形式，广告容量可达 300 K 以上，广告的创意空间不受限制。

（6）流媒体广告。流媒体又叫流式媒体，一般是以视频动画的形式展现在页面上。流媒体广告形式比较多样，具有拓展性强、位置灵活、创意新颖、视觉冲击力大等特点。

（7）插片广告。在视频播放器中展现，一般分为前插片广告和后插片广告，每隔 5~15 秒自动播放，客户无法选择跳过广告或关闭广告，广告覆盖面较广、到达率较高，受众较精准。

（8）视窗广告。以视频或动画的形式展现，广告播放时间为 10~15 秒，一般在页面的右下角浮出，并保持在该位置。视窗广告可分为普通视窗和自定义视窗两种。普通视窗多从屏幕右下角浮出，固定在右下角位置；播放器带有明显功能按钮，不产生歧义；关闭按钮清晰，带“×”号，与背景有明显的黑白色差；出

现在流媒体、对联、跨栏、前弹、背投广告之后。

除具有标准视窗所有特征外，自定义视窗的播放器外框还可由用户订制特殊造型，包括无播放器外框，但必须为非透明的标准矩形，固定在页面。

2. 赞助广告

目前网站的赞助广告形式多样，具体包括栏目条赞助广告、焦点图包框赞助广告、图形赞助广告、文字链赞助广告、频道页窄通栏广告、专题页赞助广告、论坛赞助广告和背景广告等。

（1）栏目条赞助广告。栏目条赞助广告包括非触发栏目条赞助广告和触发栏目条赞助广告两种。非触发栏目条赞助广告可以修改原栏目条，也可以新加栏目条。修改原栏目条要求赞助广告的风格尽量与频道风格保持一致，最好采用渐变的方式融合在一起，同一内容区中不能同时出现两个以上栏目条赞助。新加栏目条的高度和基本样式一般与同页面其他栏目条类似，需在栏目条左侧添加栏目标题，右侧的广告部分要求同修改原栏目条，同一内容区中也不能同时出现两个以上栏目条赞助，新加栏目条左侧的栏目标题部分也不能加客户链接。非触发栏目条赞助广告在内容上一般出现广告主的 Logo、广告文字、广告图形等；在高度上不超过栏目条高度；宽度上不超过栏目条总宽度的 1/2 ；大小不超过 8 K。另外，栏目条赞助广告一般以静态为主，有时也可用两帧动画。

触发栏目条赞助广告在栏目条部分的要求同非触发栏目条赞助广告一样，触发部分在页面左右空白处，鼠标移开栏目条，触发部分自动消失，触发时间停留在 5 秒以内，触发部分带有明显的关闭标志。触发部分在内容上可出现广告主的 Logo、广告文字、广告图形等，高度要小于该栏目高度，宽度不大于 25 px ，大小不大于 8 K。

（2）焦点图包框赞助广告。焦点图包框赞助广告包括无触发包框和带触发包框两种。包框赞助广告设计应符合频道主格调，同时还要考虑包框所在页面横切对齐方案。无触发包框赞助广告的内容中可出现广告主 Logo、广告文字、广告图形等，高度一般小于 18 px，宽度不超过焦点图边框的宽度，大小不超过 8 K，以静态赞助广告为主，也可为两帧动画。带触发包框赞助广告在鼠标移开栏目条时，触发部分自动消失，触发停留时间为 5 秒以内，触发部分带有明显的关闭标志。

（3）图形赞助广告。图形赞助广告中的文字同运营频道文字链接的样式不同，图形上的文字没有链接，文字不滚动。

（4）文字链赞助广告。文字链赞助广告一般不使用所添加文字链区域默认文字颜色以外的其他颜色，文字链一般不标红或加粗。

（5）频道页窄通栏广告，即频道页面上的窄通栏广告。广告一般可以采用静态和动画两种表现形式，色调尽量简洁素雅，同时广告语和客户 Logo 一般略小于网站频道 Logo 和文字的大小。

（6）专题页赞助广告。专题页赞助广告包括专题内题图赞助广告、专题内栏目条赞助广告、专题内焦点图包框赞助广告、视频框包框赞助广告、专题内焦点图赞助广告、专题内标签流媒体广告和疯狂流媒体广告等。这些赞助广告的内容可包含客户 Logo、广告语及其组合创意，设计上要与专题题图设计风格一致。

（7）论坛赞助广告。论坛赞助广告主要以替换论坛关键字的形式出现，替换关键字或词的图片设计必须正确传达原字词的意思，使网友能够通顺阅读，图片一般为静图。

（8）背景广告。背景广告是整个页面的背景图形，必须为静态图片，不能出现任何动态效果。背景广告的设计效果尽量与页面整体效果保持和谐一致，要有清晰明了的广告关闭按钮。一般尺寸不超过 1600 毫米 ×1000 毫米，大小不超过 60 K，文件类型为 jpg。

（二）互联网广告的特性

作为广告活动的重要形式，互联网广告具有传统媒介广告的所有属性。但是互联网与传统媒介相比，具有更高深的技术内涵、更独特的传播特性、更多样的传播手段，所以，互联网广告相比传统媒介广告有以下几个方面的特点。

1. 双向传播传统媒介广告

传播方操纵着广告信息的传播，受众一般是被动接收广告信息；在互联网广告中，由于网络的互动性，广告受众不仅主动接收广告信息，而且可以很容易地参与到广告信息的传播活动中，实现与广告信息发布者的即时双向沟通。

2. 一对一传播模式

在互联网中，个体既是消费者，又是生产者。在互联网广告中，每一名个体既是广告信息的受众，又可以成为广告信息的发布者，个人将在互联网广告中扮演越来越重要的角色。传统媒介广告传播一般都是面向大众的“广播”式，即一对多模式；在互联网媒介中，一对一的广告传播模式成为可能。运用互联网技术，广告信息发布者能够收集大量的个人信息，甚至还能够针对不同受众播放个性化的广告内容，同时监控来自每个受众的反馈。互联网广告的一对一传播模式成为网络媒介对广告活动最有价值的贡献。

3. 无区域性

互联网的诞生把巨大的地球连成一个数字化的“小村庄”，信息成为世界上大多数居民的潜在财产。传统媒介广告由于受到传播技术的限制，区域性明显。而互联网广告在互联网这个虚拟化的“全球数字化小村庄”里，能够不受地域、国界等地理因素的影响，在极短时间内将广告信息发送到全世界。

4. 富媒介

无论是报纸、杂志、广播、电视还是户外媒体，它们的媒介信息容纳量都是有限的，作为一种广告媒介的运用手段和表现方式也是有限的；但是作为广告信息载体的互联网，由于它的全球性、分散性和链接技术，有着几乎无限的广告空间，具备各种传统媒介作为广告媒介的运用手段和表现方式，并且在实践中发展了更先进的手段和方式，互联网因此也被公认为是一种“富媒介”。

5. 视听技术的综合性

互联网媒介与传统媒介相比，含有更多、更新、更高的科技成分，尤其是Web技术与广告结合后，互联网演变成实时、动态、交互的多媒体世界，互联网广告运用文字、声音、图片、色彩、动画、音乐、电影、三维空间、虚拟视觉等技术，不断开拓互联网广告的新天地。

二、户外媒体

（一）户外广告的历史

户外广告是历史悠久的广告类型之一，从庞贝古城的墙壁告示到迎风招展的黄色酒幌，户外广告千变万化、历久弥新。中国是世界上较早使用户外广告的国家之一，最早是以叫卖和实物展示的形式来进行商品宣传的。截至鸦片战争，中国户外广告经历了招牌、幌子、悬帜、悬物、灯笼等各种形式，虽然囿于材料和技术，其广告效果无法同今日的户外广告相提并论，但古代社会多样的户外广告为新时期户外广告的发展奠定了良好的基础。鸦片战争之后，随着西方社会对中国的不断影响，一些新的媒介形式不断涌现，户外广告出现了路牌广告、橱窗广告、霓虹灯广告等新形式。

路牌广告在20世纪20年代尤其盛行，开始是利用墙壁做广告，用油漆刷在墙上。当这种路牌不再引人注目时，有的广告公司就将五彩印刷的招贴画贴在墙壁上，后来又改用木架支撑、铅皮装置、油漆绘制。当时的广告内容主要是香烟药品和影剧信息，路牌一般竖立在交通要道口、屋顶、铁路沿线和风景区。

国外第一个霓虹灯广告设置于1910年的法国巴黎皇宫，我国则于1926年在上海南京东路伊文思图书公司的橱窗内首次设置霓虹灯，用来宣传“皇家牌”打字机。20世纪30年代，上海闹市区商店都装有不同的霓虹灯招牌及广告，室内和橱窗里也设置了霓虹挂灯，屋内外装饰边管也逐渐普及。此外，随着公共交通的发展，车船广告、火车站内外陈列广告，以及车厢内图书杂志广告等也开始出现并逐渐繁盛，甚至出现了空中广告。这段时间是户外广告发展和媒介开发极为迅速的时期。20世纪80年代以后，我国户外广告的形式更为丰富，立柱路牌、射灯霓虹，不可胜数。户外广告逐渐发展成为除广播、电视、报纸、杂志四大媒体之外的另一重要广告媒体。

西方传统户外广告最早以招牌和壁报广告为主，从发掘出来的公元前 79 年古代罗马庞贝古城的遗迹中我们可以看到，在街道、建筑物的墙上和柱子上，图画广告、招牌广告、文字广告随处可见，仅墙面上的广告就有 1 600 多处。西方现代户外广告形式更为多变，如平面广告牌、三面转动广告牌、立体模型广告牌、电子显示广告、霓虹灯广告、户外流动广告、灯箱标志广告，以及景物结合广告等，丰富多彩。在现代广告信息传播中，户外广告以其简单明晰、经济实用而成为整合营销传播中的重要一环。

（二）现代户外广告的种类

户外媒体的分类比较复杂，按照最直观的分类，可以分为固定位置的户外媒体和实物户外媒体两种。实物户外媒体主要有气球、模型、条幅等，一般作为临时使用的广告媒介，不是户外媒体的主要类型。户外广告媒体中使用最多的是固定位置媒体，主要包括如下类型。

1. 大型广告牌

有霓虹灯广告牌、灯箱式广告牌、外部照明广告牌等形式，有的设置在路边单立柱，有的设置在建筑物楼顶，有的设置在过街天桥或跨线桥等。这类广告牌一般以文字为主，图案简单、鲜明，主要用于对企业名称、品牌名称的提醒。

2. 电子翻板

运用电磁效应，翻转四色旋转体，组合成不同的文字和图案，变化比广告牌更丰富。

3. 发光二极管电脑看板

通过二极发光体组合成千变万化的图案和文字，主要有红绿黄黑四种颜色，能表现立体感和动画效果，可通过电脑控制，可交替播出新闻和广告等内容。

4. 电子显示屏

由细小的矩阵式平面显像管组成的巨大电视屏幕，有电视般的艳丽色彩，能与画面同步发音，具有其他户外媒体所不具备的优势。最大的缺点是由于室外光线的影响，视觉效果不是很好。许多现代体育场馆和大型建筑物都建有巨型电子屏，作为广告信息传播的通道。

5. 飞艇

有室外飞艇、室内飞艇、夜航飞艇之分。飞艇的用途广泛，既可以用作某一产品投放市场的先期准备，也可以用作产品在某一地区的首次展示宣传，或用作试销宣传。飞艇广告的主要特点是覆盖面广，可以覆盖高速公路、铁路、主要交通干线、城市、室外运动场或文化活动场所等。飞艇在空中停留的时间长短比较自由，也很能吸引路人的注意。热气球与飞艇相似，也能带来较高的关注度。可口可乐、万事达卡、和记电讯、麦当劳、锐步、诺基亚等品牌都曾是飞艇广告的客户。

6. 充气模型

巨型的彩虹、吉祥物、产品包装等形象都可以用来制作充气模型，摆放在室内外的空地上，引起路人的注意，达到不错的宣传效果。

（三）户外广告的特点

第一，户外广告主要设置在城市的商业区和主要街道的醒目位置，能够接触数量较多的受众。但由于接触到的都是流动人群，广告在他们的视野中往往一闪而过，受众关注的时间较短，效果不一；而且由于与受众的距离较远，为解决受众视野的限制，必须使用大幅的画面和大型的字体，因此信息容量有限，不适合承载复杂的广告信息，只适合传播提醒性信息。

第二，户外广告的发布周期较长，信息持续时间久，能够长时间暴露，反复诉求，收到印象的累积效果。

第三，户外广告不能立即产生明显的效果，因此不适合做时效性强的广告，而适合配合较长期的广告战略。

第四，户外广告一次性投入较大，有效时间也较长，比起昂贵的电视广告，价格仍算低廉，适合配合其他媒介做长期的广告诉求。

（四）使用户外广告媒体应注意的问题

首先，要根据品牌在不同时期的市场状况，确定广告投放方式。

产品上市期采用漏斗式发布方式，注重覆盖面，形成视觉冲击力。所谓漏斗式发布方式，就是在投放之初加大数量，形成超强覆盖效果，以后依次递减，保持记忆停留，从而提高广告的回忆率。

品牌成熟期使用平行式发布方式，以点带面，提高知名度。由于此时品牌已有一定的知名度，宜采用平行式发布方式，即每月的投放量大致相同。客户可选择城市的主要街道，覆盖产品的核心目标消费群，进行有侧重点的发布，如为节省费用，可考虑在城市中不同区域进行流动发布。通常规范的户外候车亭广告都有统一的规格，这样既可以节省投放额度，又可以达到全城发布的良好广告效果。

品牌巩固期可遴选目标消费群，强化品牌，保持美誉度。在品牌巩固期，品牌在本地区已有相当的知名度，这一时期，户外广告的重点应是保持及强化品牌的美誉度，遴选目标消费群，进行有针对性的传播。

其次，要注重广告发布效果的经济性分析。客户在选择广告发布位置的时候，往往过分注重某些“繁华”指标，如人流量、车流量等，认为在这样的位置发布广告效果一定好，其实未必。繁华区域的客观经济指标相对较高，但其遮挡率也较高，而且价格昂贵，从这一角度看，其广告发布的经济性未必最佳。

最后，注重广告画面创意设计与媒体特点相结合，割舍“全面解决方案”情结。比如，一个成功的户外候车亭广告，除发布数量、发布位置等因素外，广告的创意设计也是不容忽视的重要方面。户外候车亭是通过其视觉冲击力来实现广告诉求的，因此要求创意设计的元素简单，色彩艳丽明快，同时要有层次感，要使受众在100米、50米、贴近媒体等不同位置可以看到依次递进的内容，从而完成“吸引—近观—细看”的三步骤。

三、售点媒体

售点广告是在各种销售场所的出入口、通道、墙壁、内部等位置设置的广告，主要类型有招贴、吊旗、手绘海报、灯箱、装饰广告物等。POP是英文point of purchase的缩写，即“售点”。所以，售点广告也被称作POP广告。除灯箱外，POP广告一般小巧灵活，方式不受限制，可以自由发挥，而且广告预算弹性较大，适合配合商品的促销活动。

（一）POP广告的形式

POP广告起源于20世纪的20年代，到80年代传入我国。特别是随着超级市场在我国的登场，商品可以直接和消费者见面，大大减少了售货员数量，节约了商场空间，并加快了商品流通的速度。但也由此碰到最尖锐的问题，就是如何利用广告宣传，在狭窄的货架、柜台空间，在消费者浏览商品或犹豫不决的时候，恰当地说明商品内容、特征、优点、实惠性，甚至价格、产地、等级等，吸引消费者视线，触发其兴趣，并担当起售货员的角色，使顾客很快地经历关注、了解、心动而决定购买的购物心理过程。POP广告正是基于此种需要而产生的。

POP广告就是在购买时间和购买地点出现的广告，是在有利时间和有效空间位置上，为宣传商品，引导顾客了解商品内容或商业性事件，从而诱导顾客产生参与动机及购买欲望的商业广告。售点所能见到的POP广告种类很多，下面从POP广告创意设计的角度介绍三种不同的形式。

1. 按时间进行分类

POP广告在使用过程中的时间性及周期性很强。按照不同的使用周期，可把

POP 广告分为三大类型，即长期 POP 广告、中期 POP 广告和短期 POP 广告。

长期 POP 广告是使用周期在一个季度以上的 POP 广告，主要包括门招牌 POP 广告、柜台及货架 POP 广告、企业形象 POP 广告。其中门招牌 POP 广告一般是由商场经营者来完成的。这些 POP 广告的成本比较高，使用周期比较长。由于一个企业和一个产品的孕育周期一般都超过一个季度，所以宣传企业形象及产品形象的 POP 广告也属于长期的 POP 广告类型。由于长期 POP 广告在时间因素上的限制，其设计必须考虑得极其周全，制作成本也相对有所提高。

中期 POP 广告是指使用周期为一个季度左右的 POP 广告，主要是季节性商品的广告，如服装、空调、电冰箱等商品的 POP 广告。中期 POP 广告的设计与投资，可以比对长期 POP 广告，作适当的弱化考虑。

短期 POP 广告是指使用周期在一个季度以内的 POP 广告，如柜台 POP 展示卡、展示架，以及商店的大减价、大甩卖招牌等。由于这类广告是随着商店某类商品的存在而存在的，只要商品卖完，该商品的广告也就随之撤换。特别是有些商品可能在一周甚至一天或几小时内就可售完，所以相应的广告周期也很短暂。对于这类 POP 广告的投资一般都比较低，设计也相对简单。

2. 按材料的不同进行分类

POP 广告使用的材料多种多样，根据产品的档次不同，可使用从高档到低档不同的材料。就一般常用的材料而言，主要有金属材料、木料、塑料、纺织面料、人工仿皮、真皮和各种纸质材料等。其中金属材料、真皮等多用于高档商品的 POP 广告；塑料、纺织面料、人工仿皮等材料多用于中档商品的 POP 广告；真丝、纯麻等纺织面料也同样属于高档的广告材料；而纸质材料一般都用于中、低档商品和短期的 POP 广告。当然，纸质材料也有较高档的。纸质材料由于加工方便，成本低，所以在实际的运用中，是 POP 广告最常使用的材料。

3. 按陈列位置和陈列方式的不同进行分类

POP 广告除使用时间的特殊性外，在陈列空间和陈列方式上也与其他广告形式不同。陈列的位置和方式对 POP 广告的设计会产生很大的影响。以陈列位置和陈列方式为标准，可把 POP 广告分为柜台展示 POP、壁面 POP、天花板 POP、柜台 POP 和地面立式 POP 五个种类。按照陈列位置和方式区分的不同种类的 POP 广告，在材料选择、造型、展示等方面有很大的区别，这对于 POP 广告设计本身是至关重要的。

除此之外，还有橱窗式 POP 广告、动态式 POP 广告和光源式 POP 广告等，虽然它们不能归于以上的某一类型，但作为各具特色的 POP 广告形式，也是我们在广告策划与营销中值得考虑的。

（二）POP 广告的价值

随着超级卖场的增多，POP 广告作为连接生产企业与消费者的信息交流手段，越来越受到人们的重视。了解 POP 广告对消费者心理活动的影响，是运用好这种广告手段的重要基础。比如，在超市的店门前、入口处，要使消费者注意到商品的存在；在店内，不但要明示商品的陈列场所，还要有吸引力；在陈列商品的货架上，要实现的主要目的是激发消费者的购买欲望，使其主动地拿起商品来，放进购物篮里，完成购买。

四、交通媒介

对于交通广告的归属有两种看法，一是将它视为户外广告的一种，二是将其视为一种单独的广告媒介类型。由于交通媒介既包括呈现于开放空间中的站台媒介、道路沿线媒介，也包括呈现于封闭空间中的车厢媒介、站内媒介，所以笔者认为不能一概视为户外媒介。随着交通工具的日益发达和完善，交通广告已经成为一种包含多种类型、有自身鲜明特点的独特的广告类型。

（一）交通广告的种类

随着社会生活的发展、人员流动的增加，交通工具和交通场所的广告价值越来越受到重视，交通运输经营部门和广告公司从中开发出了各种各样的广告媒介。由于交通广告工具和场所多种多样、形式不一，所以交通广告媒介也是因地制宜、五花八门的。主要有以下几种。

交通工具体外部媒介，如公共汽车的车身、出租车顶灯等。

交通工具体内部媒介，如火车车厢内的电子显示牌、地铁车厢内线路示意图、出租车内部、安全提示板等。

交通工具站点媒介，如公共汽车站的灯箱，火车站内外的电视墙、座椅、灯箱，机场内外的广告牌、灯箱等。

交通工具车票媒介，如火车票、地铁票、飞机票等。

交通路线媒介，如高速公路旁的大型路牌、铁路沿线的墙壁等。

（二）交通广告的特点

由于乘坐某一交通工具往来特定线路的人群一般比较固定，因此交通媒介是高接触频率的媒介，而且所接触对象比较稳定，具有不断强化和提醒广告信息的作用。

交通广告媒介费用低廉，但是难以做完善的发布计划，因此适合做其他广告媒介的补充。

除了乘客拿在手中的车票和车体内的广告媒介，交通广告接触的都是快速流动的受众，受众关注时间短、关注程度较低，因此适合发布简洁的广告信息。

交通媒介广告持续时间长，适合做长期提醒性广告。

由于乘客候车、乘车时往往无所事事，所以站点媒介和车内媒介具有强迫阅读的作用。

车内媒介由于车厢摇晃不定，而且车内乘客阅读距离不一，也适合发布简洁的信息。

由于人流量大，交通媒介清洁维护不易，可能影响广告信息的准确性和企业的形象。

（三）使用交通广告应注意的问题

首先，交通广告擅长建立和保持品牌认知，但不适于篇幅较长的广告。在紧张嘈杂的城市环境中，要想引起忙碌的乘车者的注意，挑战是巨大的。交通广告在画面设计上应醒目、简洁，图案不宜过于复杂，以避免浪费版面。

其次，交通广告适于低关心度的商品，即有提醒品牌及促销的作用，不适合专业产品广告。

再次，交通广告张贴的位置应适合乘客观看。比如，车内广告可张贴在车门两侧、座位上方、司机座位后等位置，因为这些位置是乘客目力所及之处，容易吸引乘客的注意。车身广告较理想的位置是车厢右侧，因为供乘客上下车的车门都在右侧，便于上下车的乘客观看。但车厢左侧也有独特优势，如没有车门影响，广告画面更完整。另外，车后窗也是广告主常选的位置。

最后，由于公共汽车线路固定，因此广告主应研究不同线路受众的特点，选择适用的公共汽车和有针对性的广告，如通往居民区的公共汽车和通向旅游点的公共汽车乘客类型不同，广告也应有所区别。此外，在通过少数民族和宗教人士聚集区的车辆上做广告，也应特别注意其民族及宗教禁忌，以避免引起不必要的麻烦。

五、直邮媒体

通过邮递直接送达潜在对象的广告叫作直邮广告。直邮广告主要是从企业的邮购订单发展而来的，今天的直邮广告媒介已经与数据库营销相结合，成为一种既承担广告信息传播功能，又承担直接的销售功能的广告媒介和营销手段。

（一）直邮广告的主要种类

销售信函是最常见的直邮形式，通常随手册、价目表或回执卡、回邮信封一同邮寄给收件人。直邮广告还可分出以下几种不同的形式。

明信片多用于发布减价信息、折扣信息或用于增加流量。有些广告主采用两折式明信片，这种明信片既可以传递广告信息又可以让收件人自由做出反应，当作回执卡使用：如果收件人希望得到产品或服务，只需撕下回执部分寄回广告主便可。为了促使收件人做出反应，有些广告主还附带邮资，以便收件人在没有任何花费的情况下也可做出反应，此时，广告主必须得到专门的邮政许可，在收到回件时，由广告主支付邮资和手续费。这种邮资减免邮件一般都能提高潜在对象的反应率。

折页和手册一般都采用多色印刷，带照片或插图，纸张比较高级，图片或其他插图的还原效果较好。手册比折页更大，有时可当作商店的橱窗陈列或招贴，手册一般用邮袋寄送。

内部刊物是由某家协会或商业机构制作的内部出版物，如利益相关者报告、消费者杂志和经销商出版物等。

目录一般登录或描述某生产厂家、批发商、零售商所售的产品，往往还配有相应的照片。

（二）直邮广告的特点

直邮广告具有如下优点。

1. 针对性强

直邮覆盖集中、到达广泛。广告主可以利用直邮百分之百地到达指定地区内的家庭，这就使得直邮广告极具针对性。

2. 灵活

直邮广告的创意空间独一无二，只受广告主的预算和邮政法规的约束。直邮广告的制作与发行都非常快。

3. 便于控制

预先印制或设计好的直邮邮件便于广告主控制发行量和印刷质量。

4. 人性化冲击力

广告主可根据特定受众的个人需求、欲望设计直邮广告，而又不冒犯其他潜在消费者或现有顾客。

5. 专一性

不受其他竞争对手的伤害。

6. 反应率高

在所有广告媒介中，直邮广告的反应率最高，约有 15% 的反应在第一周内出现，因此，广告主能够迅速判断广告是否成功。

7. 可证实性

直邮广告有利于测试收件人对产品的接受程度，以及对定价、优惠、文案、销售说明等的反应情况。

直邮广告也有一定的不足。第一，成本高。在所有主流媒介中，直邮的单位成本最高，约为一般杂志和报纸广告的 14 倍。第二，投递不确定。大众媒介有精确的发布时间，但邮政服务无法完全保证投递时间和投递准确。第三，缺少内容支持。直邮必须在没有评论内容和娱乐内容的情况下抓住并长时间吸引读者的注意。第四，针对性不足。直邮广告是否有效取决于目标受众是否准确、名录是否正确，有些对象群收到的邮件太多，他们反倒对直邮广告不予理会。第五，态度不利。很多消费者把直邮广告看成垃圾，自然而然地把它们弃置，而且他们还认为邮购的商品退货太难。

第三节 广告媒介组合

一、媒介目标及应用

（一）媒介目标

媒介目标指的是根据营销所赋予的传播任务，将广告战略转化为可供媒介实施的目标和任务。媒介策划的目标通俗来讲包括如下内容：我们应在何处发布广告，在哪个国家、哪个地区或城市发布；广告应该向谁来发布；我们应该在何时集中发布广告；我们应该采用什么频率来发布广告；希望达到什么样的传播效果等。归结起来，我们可以把媒介目标分为地域目标、对象目标、信息目标和效果目标四类。

1. 地域目标

在哪里发布广告是媒介广告发布的地理范围。从理论上讲，我们一般只要找到与广告主的分销系统覆盖的地理区域相吻合的媒介就可以了。当地理市场在某个产品种类或某个品牌上表现出特别强的购买趋势时，媒介策划人员就应该以地理性瞄准作为媒介发布决策的依据。地理性瞄准指在品牌表现出强劲购买趋势的地区发布广告的做法。例如，在华南地区，某种饮料的购买指数比全国的平均购买指数高 30%，那么该地区的媒介广告就应该率先被考虑。但是，在实际运作过程中，确定媒介发布的地理范围并没有这么简单，它要受到许多因素的影响。比如，需要对品牌表现、竞争对手活动这类因素加以综合考虑，故媒介目标的地理区域就会变得更加复杂。

2. 对象目标

对象目标指的是媒介广告向谁发布，即选中的媒介必须能够到达目标受众。目标受众可以按人口特征、地理区域、生活方式或消费心态进行划分。一般的媒介调查公司可以提供目标受众的媒介习惯、购买行为方面的详细信息，这些信息可以大大提高媒介选择的准确性。调查人员不仅可以提供人口统计方面的信息，还可以提供品牌、购买量、购买频率、支付价格，以及媒介接触方面的信息。具体包括目标受众中有多少人尝试过我们的品牌；有多少人对品牌保持较高的忠诚度；购买我们品牌的消费者是否还经常购买其他产品；哪个网站、电视节目、报纸或杂志到达该品牌的受众人数最多等。

3. 信息目标

信息目标指要发布多少广告，即广告发布的总量和信息力度。信息力度指媒介在一次排期中提供的广告信息总数或亮相机会。信息力度存在的一个重要问题是，测量数据中包含了重复亮相的次数。也就是说，某一条广告可能在计算信息力度时被重复计算。

信息力度通常用总印象数（或称接触人次）来表示。总印象数指媒介计划中整个媒介投放的亮相总次数，或指一个媒介排期计划所接触的总人次。一般将媒介的总受众规模乘以指定时间内所发布的广告信息次数，就可以得出总印象数，或潜在暴露次数，然后再计算每种媒介的总印象数，得出整个媒介排期的总印象数。

有的媒介排期规模较大，总印象数可能达到几百万次，为了避免数值过大，我们采用百分比的方法来表现这些信息力度。这个百分比就叫作视听率。视听率是指收看或收听某广告的个人或家庭占总人口或家庭数的比率。将几种媒介的视听率相加，就可以看出某一广告排期的信息力度。我们一般用毛评点来表示。如果某一排期有 160 个毛评点，那就表明我们在这个排期所产生的总印象数相当于占目标市场人口的 1600%。广播电视媒体的毛评点一般以周或月为计算单位，报纸杂志等印刷媒体一般以整个广告活动的广告周期为计算单位，户外广告则以天为计算单位。

4. 效果目标

媒介策划的效果主要可以通过到达率、有效到达率、暴露频次和有效频次几个概念来衡量。到达率是指目标受众在指定时间段内，至少接触过一次媒介载体和广告的非重复性个人或家庭数目，经常用百分数表示。所谓非重复性，是指在

计算到达率时，一位受众不论接触特定广告信息多少次，都只能计算一次，因此到达率不可能超过100%，所以又称净到达率。到达率适用于一切广告媒体，唯一不同的是表示到达率的时间周期长短各异。一般而言，电视、广播媒体到达率的周期是四周，这是由于收集、整理电视和广播媒体的有关资料需要花费四周的时间。杂志、报纸的到达率通常以某一特定发行期经过全部读者阅读的寿命期为计算标准。以美国的《读者文摘》为例，平均每期的阅读寿命为11~12周。就是说，从杂志发行开始需经过11~12周才能到最后一位读者。户外媒体与交通媒体到达率的周期，通常为一个月。

到达率的计算中有一个问题是到达率这个数字并没有考虑到接收的质量，有些人虽然接触到了这个媒介，但并不一定就注意到这个信息，因此，从另一种角度看，到达率并不是衡量广告媒介成功与否的最佳尺度。于是，我们提出有效到达率的概念，来衡量收到并确实理解信息的人数的百分比。一般认为，某一广告在4周内有3次被看到的机会就足以到达一位受众。到达范围广的媒介非常有利于日用便利商品的广告发布，如牙膏和感冒药，这类产品的购买者往往来自市场的各个层面，有线电视和全国性的杂志到达率最高，更适合发布这类商品的广告。

暴露频次指同一个人或家庭在指定时间内接触同一信息的次数，它表示媒介排期的密度。暴露频次的计算以媒介或节目的重复暴露为基础，计算方法为暴露频次 = 总接触次数（毛评点）/ 到达率。假设广告主在一个收视率为10点、每周播出2次的电视节目中投放4个星期的广告，这个节目的（非重复）到达率在这4周内为40%，那么，暴露频次就等于2[（10×2×4）/40=2]。也就是说，受众看见广告的机会平均为2次。与暴露频次相对应的概念是有效频次，即某人在信息产生效果之前必须听见或看见同一信息的平均次数。有效频次应该位于达到信息知晓目的的最小极和过度暴露的最大极之间。

（二）媒介目标应用

到达率、频次和毛评点三个指标都可以用来衡量一则广告的效果。到达率表示广告运作者希望多少媒介受众一次或多次接触到该广告信息；暴露频次说明该广告信息将到达媒介受众的平均次数；毛评点是到达率和暴露频次的产物，表示该广告信息将到达媒介受众的重叠百分数“毛额”。在毛评点固定的情况下，收视率与广告播出档次、到达率与暴露频次即形成取舍关系，就到达率与暴露频次的关系而言，是呈负相关的：高到达率即代表低暴露频次；反之，高暴露频次即代表低到达率。

到达率与暴露频次依赖广告预定刊播类型的程度很大，如在电视上把广告集中在少数节目中播出将会获得更多的暴露频次，而得到较少的到达率；与此相反，如果广告预定在许多节目中播出，则相应地会增加到达率，但获得的暴露频次较少。

在毛评点一定的情况下，到达率与暴露频次的一般成长过程如下：在媒介排期未执行前，所有的消费者皆未曾接触品牌广告，因此到达率与暴露频次皆为0。在媒介排期计划执行初期，消费者对品牌广告的接触次数大部分为少数几次，即暴露频次从0次开始累积到少数的1到3次。此时期的媒介暴露主要偏重在到达率的建立上，消费者的媒介接触从0次~1次或以上，即代表暴露频次的成长。在媒介排期计划执行一定时期后，在大部分消费者皆已接触过商品广告的情况下，到达率的成长放缓，媒介的暴露主要造成消费者频次上的累积，即暴露频次较低的消费者渐渐减少，暴露频次较高的消费者渐渐增加。媒介越持续暴露，到达率越接近极限，此时媒介暴露所造成的将只是提高暴露频次累积的次数。

当然，在实际运作过程中，到达率与暴露频次并非一成不变地按照上述过程发展，它们之间的变化还会受到许多因素的影响。首先，受目标消费群的媒介接触行为的影响，如果目标受众为重级使用者，则到达率与暴露频次的建立较快；如果目标受众为轻度消费者，则到达率与暴露频次的建立相对较困难。其次，受媒介种类与载体的使用的影响，在相同预算规模和暴露期间内，所运用的媒介类别和载具数量越多，所获得的到达率越高；运用的媒介类别和载具数量越少，则受众的暴露频次越高。

到达率与暴露频次的成长过程带给媒介操作的启示是，尽量通过媒介选择减少低于或高于有效频率的比率，使数据向设定的有效频率集中。一般在做新产品、副品牌、竞争力强的品牌的加盟、有着广泛的目标市场，以及一些不经常购买的产品的媒介广告时，需要强调到达率。而一般面对竞争者比较强大、产品信息复杂、经常购买的产品、品牌忠诚度较弱、目标市场狭窄，以及消费者对品牌或类别有抗拒心理的情况时，需要特别强调暴露频次。

二、媒介选择

媒介选择环节的任务主要是明确媒介策略在媒介类别与载具方面的选择方向。通过对媒介的“质”的分析判断，选择出媒介类别和载具的采用方向；通过对媒介的“量”的分析、计算和判断，选择出真正所要使用的媒介类别和载具。

（一）媒介选择的指标

1. 媒介的质

指的是不能根据统计加以量化，但实际影响媒介投资效果的因素。媒介的质

的因素强调的是媒介说服的深度和效果。一般评估的主要项目如下。

接触关注度：受众注意力集中地接触媒介时，广告效果会比漫不经心地接触媒介时要高。接触关注度指受众接触媒介的质量。

干扰度：指的是受众在接触媒介时，受广告干扰的程度。广告接触对受众来说通常不是目的性的行为，所以广告所占媒介时间或版面的比例越大，受众受到的干扰就越大，广告效果就会越低。

编辑环境：指的是媒介载具所提供的编辑内容，对品牌及广告创意是否适合，及适合的程度。载具本身的形象以及载具的地位与素质，常被用来说明、评估此指标。

广告环境：指的是媒介载具承载所有内容后，所呈现的媒介环境。它与干扰度不同，干扰度是通过计算媒介载具内广告的量来衡量的，而广告环境则指载具内广告的质。

相关性：指的是产品类别或创意内容与载具本身内容主题的相关性，如运动主题、婴儿主题等。相关性的意义在于，受众对于该类型内容的载具有较高的兴趣，因此他们会选择接触该载具。据此，品牌也可以接触到对本品类或创意有兴趣的受众群体。

2. 媒介的量

对媒介进行量的评估，可以在三个层面上展开：受众、区域、媒介。首先，我们可以从受众的角度，了解对象阶层在各区域内对各媒介的接触状况，以及媒介的受众构成，主要用来在对象阶层确定的情况下，分析阶层的接触状况；其次，我们可以从区域的角度，了解该区域中各媒介的受众构成，及各对象阶层的媒介接触情况，并由此提供当地媒介市场的情况；最后，可以从媒介的角度，了解该媒介在各区域的受众构成，及对象阶层在各地区的接触状况。

对媒介进行量的评估，主要指标有如下。

收视率：暴露于一个特定电视节目的人口数占拥有电视人口总数的比率。

收视人口：暴露于某一特定节目的人口数。

开机率：所有拥有电视机的家庭或人口中，在特定时间段里，暴露于任何频道的家庭或人口的集合。

家庭开机率：在特定时段里暴露于任何频道的家庭数，占所有拥有电视机的家庭的比率。

个人开机率：在特定时段里暴露于任何频道的人口数，占所有拥有电视机人口数的比率。

对象收视率：在确定的商品的对象消费群中，暴露于一个特定电视节目的人口数，占所有对象消费群人口的比率。

观众组合：一个电视节目的各阶层观众，占所有该节目观众的比率。

发行量：刊物发行到读者手上的份数。包括订阅发行量、零售发行量、赠阅发行量。

稽核发行量：由独立的第三方对刊物发行量加以查证后，所提供的发行量数据。

阅读人口资讯：包括一个市场各阶层对某个刊物的接触情况、一份刊物在各市场的读者组合，以及对象阶层在各市场的阅读率和阅读人口。

印制量：一份刊物每期印制的份数。

阅读人口：固定时间内阅读特定刊物的人数。

阅读率：固定时间内阅读特定刊物的人口占总人口的比率。

对象阅读人口：固定时间内，对象阶层阅读特定刊物的人数。

阅读人口特性：每份刊物阅读人口的统计变量结构，包括性别、年龄、教育、职业、收入等，其计算方式与电视的频道或节目的观众组合相同。

刊物地区分布：对于跨地区发行的刊物而言，刊物在不同区域内有不同的媒介接触情况，形成刊物在地区分布上的差异。

媒介的尺度：户外载具本身的形式及大小，即载具本身被注意的能力。在评估上可以从高度、尺寸、能见角度、材质及暴露时间等项目上进行检测。

户外载具的受众量：目标对象在活动路线上可能接触到的户外广告的地缘位置价值，即户外载具可能接触的目标消费者的数量。

千人成本：对于不同的节目或版面，广告每接触 1 000 人所需花费的金额。

收视点成本：对于不同节目，每购买一个收视率（点）所需要花费的金额。计算时可用节目广告单价除以节目收视率。

（二）媒介选择的方法

1. 根据目标市场选择

在现代市场营销概念下，每一个产品在设计定位与销售时都有特定的目标市场，广告的目标对象应该服从于产品的目标市场。因此在进行广告媒介选择时就应该对准这个目标市场，使广告宣传的范围与产品的销售范围保持一致。如果某种产品以全国范围为目标市场，就应在全国范围内展开广告宣传，其广告媒介应选择覆盖面大、影响面广的传播媒体，如全国性的电台、电视台、报纸、杂志以及交通媒体等。如果产品采取的是利基战略，以特定细分市场为目标市场，那么在选择广告媒介时应考虑何种传播媒介能够有效地覆盖与影响这一特定的目标市场，一般可以选择有影响力的地方性报刊、电台、电视台、户外媒体、交通媒体等。

产品的适用对象也是目标市场的一种表述，因此不同的适用对象也影响广告

媒介的选择。例如，广告产品为美白养颜化妆品，那其消费对象一般为女性，主力购买人群为年轻女性，广告在投放时就应该选择这些人群最经常接触的媒体，如电视、时尚杂志等；如果广告产品是化肥、农药等农资产品，其适用对象为农民，那么就应该选择农民喜闻乐见的传播媒体，如电视、户外墙体、售点媒体、宣传单等。

2. 根据产品特性选择

产品的类别纷繁多样，特性也各有不同。广告产品的类别、性质、特色、使用价值、质量、价格、包装、产品服务等都对广告媒介选择有着直接或间接的影响。一般来说印刷类媒体适用于规格繁多、结构复杂的产品；电视媒体适合宣传和展示那些色彩鲜艳并有一定技术难度的产品。面向非个体消费者的工业品，如机械设备、原材料等生产资料性产品，如果技术性较强、价格昂贵、用户较少，那么就适合选择专业杂志、专业报纸、直邮、产品目录或展销展览类媒体；如果工业品的技术含量不高、价格适中、用户较多，那么选择电视和一般报刊则比较适合。消费者在购买生活消费品时付出的情感较多，因此这类产品选择电视、杂志等能展现情绪化和感染性要素的媒体较为合适。

3. 根据消费者心理选择

广告必须要通过消费者的心理接受来影响销售，人们在接收广告信息时，由于时间或空间的限制，不一定是看到了广告信息就一定会去购买，这中间需要一定的阶段和过程。广告影响消费者行为有所谓的“AIDMA”法则，即人们首先要注意到（attention）广告信息，紧接着对广告信息产生兴趣（interest），以至于产生购买的欲望（desire），并记忆（memory）广告信息，最终实施购买（action）。为了让消费者能够尽快地注意到广告信息并产生深刻的记忆，广告就应该遵循相应的心理规律，加深和强化消费者对广告的记忆和印象。比如，某企业推销的产品是在全国范围内销售，那么这家企业除了选择全国性的有影响的电视媒体外，还应该同时选择辅助性的报纸媒体和广播媒体等，并认真考虑传播信息的层次性和连续性，以强化消费者记忆，指导消费者购买行为。

4. 根据广告预算选择

因为媒介的特性和传播效果不一，所以广告媒介的价格不等。广告主能够投入多少经费会直接影响我们对于广告媒介的选择。一些效益不太好的中小企业，其广告费用预算不高，就不大可能选择报纸、杂志、广播、电视等较为昂贵的广告媒介，而倾向于选择交通媒体、户外媒体、售点媒体和宣传单等。一些大型企业或知名品牌效益较好，广告费用预算也较高，因此喜欢选择报纸、杂志、广播、电视等影响力较大的媒体来做广告，当然，这些媒体的广告价格也较高。因此，企业应该针对自己可以承担的广告开支状况，在广告预算许可的范围内，有选择地做出较为合理的广告媒介使用计划。

5. 根据广告内容选择

就广告本身来说，它有许多的形式和类型。它可以是文字的，也可以是图像的；可以是静态的，也可以是动态的；可以是以传播声音为主的，也可以是以展示画面为主的；可以是黑白的，也可以是彩色的；可以是情节故事型的，也可以是形象展示型的。不同的广告内容与形式也会影响广告媒介的选择。如果是以文字为主的广告，就应该选择报纸杂志等印刷媒体；如果是以彩色画面和动作为主，就应该选择电视媒体；如果广告中有大量的音乐、音效、歌曲、音响等，广播媒体就较为适合了。黑白的文字广告当然要选择报纸媒体，彩色的文字广告或形象广告选择杂志则更为明智一些。如果有故事情节，电视广告最为适宜；如果只是单纯的画面形象展示，则应选杂志广告。

三、媒介组合

媒介组合是指在同一个媒介计划中两种或两种以上的不同媒介组合起来使用。因为每一种媒介都有其长处和短处，将各种媒介组合起来使用可以强化各媒介的优势，弥补其不足，发挥最佳的媒介效果。

（一）媒介组合的优势

媒介组合可以扩大传播范围。单一的媒介无论传播范围如何广泛，也不会毫无遗漏地覆盖所有区域，而组合利用媒介则可以使不同媒介覆盖区域相互补充，确保广告活动影响到单一媒介所遗漏的目标受众。

媒介组合能够提高广告的到达率。不同媒介之间的受众群虽然存在部分重合，但在很大程度上也存在差异，多种媒介同时发布可以提高广告的到达率。

媒介组合可以使各种媒介之间的优势形成互补，如可以通过广播、电视广告的感性诉求提升产品的知名度，而通过报纸、杂志等印刷媒体的理性诉求来加深消费者对产品的了解。

媒介组合可以进一步降低成本。媒介特点不同，价格也各不相同，一般情况下电视广告的费用要高于其他媒介形式，如果单纯运用电视广告，则广告预算不菲。而综合运用多种广告媒介则可以适当降低成本，使用较低的费用获得较高的广告到达率。

具体来说，报纸与广播配合，可使不同文化程度的消费者都能接收到广告信息；电视与广播组合，可使广告受众遍布城市和乡村；报纸、电视同售点广告结合，有利于提醒消费者购买已有印象或购买欲望的产品；报纸与电视搭配使用时，一般可以以报纸为先锋，对产品进行详细解释后再运用电视进攻市场，这样可以

使产品销量逐步增长；报纸与杂志搭配，可用报纸做强力销售，用杂志广告来稳定市场，抑或用报纸作区域宣传，用杂志做全国性大范围宣传；邮寄广告与报纸、电视配合，可以利用邮寄广告做试探性宣传，用报纸和电视广告做强力推销，以取得大面积销售效果；邮寄广告、售点广告与海报配合，可以对特定地区进行广告宣传，巩固和发展市场。

（二）媒介组合的方式

媒介组合的方式有两种，一种是集中式媒介组合，另一种是分散式媒介组合。

集中式媒介组合是将大部分媒介发布费集中投放到某一种媒介上，其他媒介则进行必要的配合。这种做法可以使广告主对特定的细分受众产生巨大的作用，尤其是被那些接触媒介有限的受众所接受。集中式媒介组合具有很多优点：可以让广告主在某一种媒介中占有绝对优势；可以提高品牌的熟知度；可以有充足的预算资金保证只在非常显眼的媒介，如黄金时段的电视节目或一流杂志的大型广告版面中发布广告；可以使流通渠道产生热情，形成品牌忠诚；对于采用高度集中式媒介亮相的品牌，分销商和零售商也可能在库存或店内陈列方面给予照顾；集中的媒介费可以使广告主获得媒介组合的可观折扣。

2005 年 6 月至 7 月，乐百氏桶装水在进行广告传播时，创造性地以《乐百氏创新饮水故事会》连环画册为核心传播媒介和沟通工具，以社区海报、宣传单、展示架等售点 POP 广告作为辅助工具，从准公益的角度同社区核心家庭沟通。借“六一国际儿童”之际，宣传饮用安全的水对孩子健康成长的重要性，以儿童为切入点逐步影响社区核心家庭决策者。画册专门邀请了国内顶级的连环画创意团队精心绘制了 6 个图文并茂的益智故事，共 40 页，每页上都附有健康饮水小常识，希望能够帮助小朋友了解饮水知识和节约用水的重要性。乐百氏水宝宝是贯穿始终的重要符号。从“小朋友，我是乐百氏水宝宝”到每一页乐百氏水宝宝的健康饮水小常识，再到每个益智故事后总结的“小哲理”，都有乐百氏水宝宝的身影。在故事会最后，乐百氏水宝宝还提醒读者：喝乐百氏桶装水，请拨打订水电话。这样的单一媒介形式新颖，儿童、家长都愿意接受和留存，既集中针对了目标消费人群，又节省了大量的广告媒体费用。

分散式媒介组合是采用多种媒介到达目标受众的组合方式。分散式媒介组合有助于广告主到达多个细分市场。借助不同媒介的组合，广告主可以在不同的媒介中针对不同的目标受众，发布不同的信息。分散式媒介组合优点也有很多：它可以保证广告主针对每个目标受众在产品类别或品牌方面的特殊兴趣，生产专门的信息，使这些信息到达不同的目标受众；它能够将不同媒介中的不同信息送达同一个目标，巩固目标受众的接受效果；相对于集中式投放，分散式媒介投放可以提高信息的到达率；分散式媒介组合更有可能到达那些接触不同媒介的受众。但是，由于不同的媒介要求进行不同的创意活动和制作活动，使用分散式媒介组合可能导致广告的预算费用大幅增加，因为分别制作广告的印刷版本和电视版本可能会分散广告主的媒介费用，同时进行多种准备往往会降低总印象数和毛评点。

2005 年金六福策划执行了以“春节回家·金六福酒”“我有喜事·金六福酒”“中秋团圆·金六福酒”为主题的三大“新民俗”广告活动。这三次广告活动几乎覆盖了全国主要的大中型城市，其中运用的媒介包括了电视、电台、杂志、户外媒体。其中户外媒体有单立柱、插牌、吊旗、灯箱、路牌、车身、全国主要机场的安检篮等，在终端销售渠道上更是使用了商场堆头、提袋、条幅、易拉宝，整合了大部分常规广告媒介，尽可能多地覆盖了目标忠实消费群以及潜在消费群体。

四、媒介排期

媒介排期贯穿于整个策划活动中，侧重于与媒介时机和效果相关的几个问题。在安排投放计划时，要对时机、到达率、频次以及竞争媒介分析等各个方面进行评估。除此之外，还要对整个媒介排期的千人成本或总印象数进行评估，测算整个排期在每一个时间段内产生的效果。季节性购买趋势也会对排期产生重大影响。媒介排期的方法主要有如下几种。

（一）持续式排期

持续式排期是指在一段时间内匀速投放广告的形式。比如，连续 6 周每天在某电视剧的播映时间内插播一次广告，全年在每期杂志上都刊登一页广告等。它的优点在于广告连续出现在消费者面前，可以不断地积累广告效果，并有效防止广告记忆下滑，持续刺激消费动机。它的缺点则是在预算不足的情况下，采取持续性策略可能冲击力不足。采用这种方式的产品主要有汽车、电视、房地产，以及一些日常用品等，因为这些产品我们一年四季都可能用，没有什么季节性差异。如果广告主要求在一年 52 周之内实现 2 600 的毛评点，那么连续式排期的方式则要求媒介每周必须达到 50 个毛评点。

（二）起伏式排期

起伏式排期是指在一段时间内大量投放广告，然后在下一段时间内停止全部广告，有广告期和无广告期重复出现，形成媒介投放的间歇期。它比较适合那些在一年中需求波动较大的产品和服务，如季节性销售或新产品上市，或用于反击竞争对手的活动。这种排期方式的优点很多，如可以依竞争需要，调整最有利的暴露时机；可以配合铺货行程及其他传播活动行程；可以集中火力以获得较高的有效到达率；可以因为集中大批量地购买媒介而获得媒介折扣；可以产生机动和弹性效果。当然，它也可能因为广告空档过长，而使受众广告记忆跌至谷底，从而增加消费者再认知的困难，并可能面临竞争品牌以前置方式切入广告空档的威胁。如果仍然是一年内 2 600 个毛评点的要求，那么起伏式排期可能以两周为一个广告波段、每周 100 个总收视点的间歇投放，这样全年便可实现 2 600 个收视点。适合起伏式排期的产品包括感冒药、特殊衣服、啤酒等。

（三）脉冲式排期

脉冲式排期就是将连续式排期技巧和起伏式排期技巧结合到一起的一种媒介排期策略，指的是广告主在连续一段时间内投放广告，但在其中的某些阶段加大投放量。这种排期适合消费者购买周期比较长的产品，优点在于可以持续累积广告效果，可以依品牌需要，提高在重点时间段内的暴露强度。它的缺点是广告费用较高。采用这种方式的产品主要有软饮料、空调等，这些产品全年都在销售，但是在夏季需求会更旺盛。仍以全年 2 600 毛评点计算，全年 52 周，每周都会有广告投放，但特殊广告波段的毛评点会高于 50，部分周将维持低于 50 点的平均数值，但全年毛评点仍为 2 600 点。

（四）其他排期

除以上排期方式外，媒介投放还有集中式排期和路障式排期等。集中式排期是将广告安排在一个特定的时间段内集中发布，集中力量发起突击性广告攻势，这种策略由于在较短时间内集中多种媒介进行广告宣传，无论是策划、组织还是实施都较为复杂，因此运用难度相对较高，风险较大，如果缺少后续工作，强大的广告攻势之后容易热潮消散，极易造成产品销售的忽冷忽热。这一策略适用于要在短时间内打响产品知名度的产品。路障式排期是集中式排期的变种，是确保广告能在固定的时间被看到的集中排期。例如，在三家电视台买下周日相同的时段，集中播放，以保证目标对象能够有充足的机会看到广告。

五、媒介购买

一旦整个媒介计划和媒介排期准备妥当，广告工作重心就应该向媒介购买转移。媒介购买即购买排期指定的电子媒介时间和印刷媒介版面。

在媒介购买过程中，广告主会为购买媒介的时间和版面而选定一家广告代理公司。有些广告公司设有媒介购买部，负责媒介的策划和购买事宜。代理公司负责协调、商谈所有的时间和版面购买合同，而参与广告活动的其他公司则要在这些合同中提出自己的时间或版面要求。也有一些广告主通过专业的服务公司来完成媒介购买。媒介购买服务公司专门批量购买媒介的时间和版面。无论采用哪种方式购买媒介，媒介购买人员都必须对媒介的到达率、千人成本和时机进行评估，负责媒介购买的机构还必须监测广告发布，并测算广告的实际到达率。

对广告运作人员而言，在选择媒介购买服务公司时一定要慎重。一般我们可以参考下面这些建议，作为考察和评估媒介购买服务公司能力的依据。

一是提供效率的能力。效率不仅仅指提供服务的速度，还包括用最低的价格获得最大的媒介效益。前者从工作人员的态度、能力及该公司的沟通模式考察；后者则与该公司的广告投放量及媒介相关。因此，参观一下该公司的办公室是有必要的。

二是科学化媒介分析的能力。不少企业打算或已经使用媒介购买服务公司的主要原因，在于它们可以提供非常科学化的提案，以降低广告投资的风险。科学化分析需要大量可用数据（独家或共用资料）作为依据，因此该公司媒体调研操作的分析及开发能力尤其重要。由于不少数据是通用的，如收视率等，所以这方面的考察未必只是靠数据的多寡，更重要的是运用一定的数据进行分析的能力。

三是针对特定的客户市场选择相关媒介的能力。这点要看媒介购买服务公司的人员是否善于恰当地运用媒介来传达广告信息，从而帮助客户树立品牌形象、扩大销售规模。关于这一点，最好的证明莫过于其以往的案例。

四是媒介购买服务公司的形象及对媒介的信用度。由于目前部分国内媒体的操作仍未达到十分专业的阶段，欠款问题时常困扰各相关合作单位，选择合适的媒介购买服务公司对客户形象及以后跟媒体的合作都很有帮助。

五是了解媒介购买服务公司的优劣势。某家媒介购买服务公司的优势可能体现在某类媒体，如电视或者户外媒体，也可能体现在某个地区，如大城市或小城市。对于企业来说，关键是寻找到最适合自己的服务代理公司。

六是媒介购买服务公司的培训能力。调研数据在不断增多及更新，栏目在不停改版，广告学科也在不断改进，所以培训是必需的。培训对象不仅包括客户，还包括公司内部的员工。因此，接受媒介购买服务公司的培训，可以从侧面了解该公司的实力。

在实施媒介购买的过程中，对广告代理公司和企业来说，最主要的是理解“价值”的重要性，而不是“价钱”的高低。衡量价值的公式是“质量除以价格”，千万不能只以价格作为衡量和取舍标准。媒介服务是以专业媒介知识去做合理的策划，执行并完成，这样才可能把广告信息的传播效果、传播水平发挥到最好。

第四节　广告媒体创意与创新

一、广告媒体创意与创新的动力

（一）广告媒体的历史

人类社会自诞生以来，传播发展经历了五大里程碑式的媒介变革，即语言、文字、印刷技术、电子媒体和网络。体现在广告媒体形式上，有口头广告、实物广告、旗帜广告、标牌广告、印刷广告、广播广告、电视广告，以及网络广告等。在不同历史时期，不同的广告媒体形式占据统治地位。

以大众传媒的发展历程来看，在 19 世纪以前，媒体和报纸始终被视为同义词。一直到 19 世纪后半期，杂志加入后，才使媒体生态变得具有竞争性。事实上，西方最早的广告公司都是以媒体买卖作为唯一业务的，那是媒体掮客的时代。1920 年匹兹堡 KDKA 电台开播，报道沃伦・哈丁与詹姆・考克斯的大选情况，广播才正式加入媒体大战。在两次世界大战间隔期间，一些非主流的媒体也开始慢慢出现，范围从空中广告到火柴盒包装广告等。在这一时期，户外媒体慢慢成为重要广告媒体，地铁、巴士都在车体的两旁和车内车窗上方刊登广告。广告公司的媒体部门很快就掌握并运用了这种媒体。1939 年纽约世界博览会开幕，电视开始被视为极具潜力的媒体，但随后的第二次世界大战让这一趋势戛然而止。直到 1947 年，电视作为广告媒体的威力才重新被人所认识和接受，众多广告迅速投入这个五彩斑斓的媒体中来。接下来的近半个世纪里，西方的广告代理商一直以报纸、杂志、广播、电视和户外作为完整的广告媒体选择体系。20 世纪 70 年代之后，一种改造的电视媒体在美国崭露头角，这就是有线电视。在 CNN（美国有线电视新闻网）的不懈努力下，有线电视以其能区隔消费群体并接触特殊消费群的优势而受到广告代理商和广告客户的青睐，迅速压倒了报纸和杂志，并一直延续至今。进入 90 年代，网络又迅速兴起，并逐渐在民用领域繁盛起来，一些新型的媒体也不断被开发出来，广告传播媒体进入了多元并存的时期。

（二）媒体创意的环境分析

在广告传播活动中，媒体是一个重要的环节、介质，同时也是决定广告效果的重要因素。广告策划运作与设计表现过程是一个各方协调、各种知识内容融合的过程，广告创意的精彩最终要通过广告表现与执行完成。著名的传播学者哈罗德·拉斯韦尔提出传播活动具有五个要素，即谁、什么信息、通过什么、传达给谁、有什么效果。在广告设计活动中，“通过什么”即表述媒体介质的概念，没有了媒体的存在，广告信息势必无所依附。同时，广告媒体在信息传播过程中因媒体特点不同，商品信息传播的效果也有所差别，受众范围广、形式独具创造性的媒体效果自然就好，反之亦然。正因为在广告设计传播活动中，媒体的营销效果具有重大价值，广告公司和广告主都把媒体的开发与选择当作广告传播过程中的重要工作来做。以网络媒体为代表的新媒体的不断涌现和所受到的高度重视就是这一传播意识的集中体现。

媒介的传播作用只是广告传播活动中越来越推崇新媒体或媒体创新的一个基本原因，其背后隐藏的是广告人对于以广播、电视、报纸、杂志等为主的传统媒体样式和媒体表现形式传播效力不断降低的担忧和积极应对。在现实传播环境中，至少有如下三方面因素在影响着传统媒体的效力：其一，市场与消费观念不断变化。市场营销理论从 4P 到 4C 的转变是市场观念变化的集中表现，在 4C 理论下，消费者是商品生产、信息传播和促销的出发点，市场营销由硬性推销向软性说服改进，同时消费者的消费模式也由 AIDMA 进化为网络媒体环境下的 AISAS，突出强调了消费者接收商品信息的搜索（search）与分享（share）的需求，这正是新媒体尤其是网络媒体可以提供的功能与价值。其二，消费者求新与个性化需求意识不断增强。对于消费者来说，经历了量的消费、质的消费的各个阶段之后，已进入个性与情感消费的阶段，传统的品牌号召力的观念在消费者心目中已被颠覆，符合自己的个性化需求成为消费者选择品牌与产品的第一考虑要素，因此沟通方式的创新与变革需求与日俱增。媒体创意和创新设计更加注重在品牌和广告传播活动中同消费者个性和心灵产生共鸣，体现对于利基市场消费心理的准确把握和有效沟通。其三，媒体技术环境与信息观念不断变化。旧有媒体的技术条件成熟多年，媒体的新奇性和吸引眼球的能力渐趋平庸，而新的媒体样式和改造过的传统媒体或者新旧技术结合创设的媒体样式与旧有媒体相比新颖性大增，传播效果独树一帜。另外，媒体不仅仅是信息传播的载体，加拿大传播学者马歇尔·麦克卢汉 30 年前就提出“媒介即信息”的观点。在现在技术条件不断延伸和创新的情况下，这个观念依然适用，新媒体和创新媒体设计延伸了人的各种感官和接受能力，变革了人们获取信息的方式，同时也改变了人们对待信息的态度。

因此，媒体创新的提出是应对传统媒体效力减弱的重要策略，也是丰富消费者商品信息获取方式、改革消费者信息获取观念的重要手段，媒体创新更能丰富广告设计和商品传播活动的内容。

（三）新媒体与媒体创意对于广告传播的意义

媒体创新与新媒体技术的发展，使得信息传播有了革命性的进步，尤其是对于广告信息传播来说，产生了巨大的影响和推动作用。这种影响主要表现在前者对于后者信息传播量和传播效果的刺激与提升上，体现为对于品牌形象提升的重要价值。

1. 新媒体与媒体创新使得广告信息传播获得更快的速度

就传播速度来说，在实物媒体与口头媒体的时代，信息传播速度是最快的。人们将商品以声音或实物的形式展现在受众面前，但这种传播方式的效率非常差，它们讲求直白，但并不很在意传播的艺术性，以及如何更好地吸引人。进入多媒体与新媒体时代，印刷媒体与新媒体如网络相比，传播内容经过了印刷的程序，其传播效率大大提高，但传播的便捷性却不及以网络为代表的新媒体。后者不用等待印刷的过程，其发布速度大大加快。而对于传统媒体要素的创新使用来说，网络媒体传播速度的优势并不十分明显，但在消费者获取信息的便捷性上却经过了深刻的思索和考虑。在这个传播过度的社会里，新媒体和媒体创新都试图使广告信息不再是消费者认为的媒体负担，而是随时可以获取帮助的信息伙伴与朋友，新媒体因为快捷与便捷而使得信息与人的关系变得亲切了。

2. 新媒体与媒体创新可以实现更独特、更综合、更有效的视觉传播

在传统的平面媒体广告设计中，如果增加大量动态图形、声音等，可以进一步提高传播效果，以综合方式对消费者进行立体的和多方位的品牌传播。媒体创新是对传统媒体广告信息传播形式的创新性使用，是在充分了解和分析原有媒体优劣势基础之上进行的改善和创造。因此，它一般在传播方式上都进行创新的处理，尤其是在广告的形式上力求与众不同。原来平面的传播，通过创新使用变得立体起来；原来单一视角和静止的传播，变得多样化与运动起来。这样一来，广告信息的传播通道就不止视觉一条，而是变得多方位、多渠道了。新媒体技术更是如此，以网络为代表的新媒体广告作品融合了文字、图形、图像、声音、动画等表现方式，进行综合而非单体的设计创意与信息传播。这种多角度、全方位的视觉传播正是现代信息社会视觉传达的新特点，是一种具有综合功能和效果的新的设计语言。

3. 新媒体与媒体创新能最大限度地提升受传者的地位，实现更及时、准确的信息反馈

大众媒体传播的一个劣势是在信息反馈方面比较滞后，因为是一对多的传播，传播的覆盖面虽广，但传播之后的效果却不能立即获知和掌握，这是传统大众媒体的特质劣势也是技术劣势。而新媒体技术能将大众媒体的一对多传播变为一

对一传播，这种传播方式能有效地实现传者与受众的单独沟通，也就容易实现及时与准确的广告信息反馈。创新使用的传统媒体也是如此，尤其是一些在传统观念中不作为广告媒体使用的媒介，在一切皆媒体的传播意识中，它们被创造性地使用。它们的媒体设计本身就已经注意到了互动和信息反馈的内容。更为重要的是，新媒体技术使得媒体内容的发布权和控制权部分转移到消费者和受众身上，从而使得原来信息的被动接收者也成为信息的发布者，他们对于产品或品牌的好感或不满都通过这些新媒体技术释放出来。例如，电通公司立足 Web 2.0 而建立起来的 CGM 系统。CGM 是 customer generate media 的简称，即消费者生成媒体，包括博客、讨论区、维客等各种 Web 2.0 网络环境下由消费者亲自参与并掌握内容的媒体。消费者在这些媒体上发布关于商品的评价信息，电通公司通过相关软件进行统计和分析，提取对于品牌形象传播有价值的内容，判定消费者的倾向性。

二、广告媒体创意与创新的方式

在广告创意与设计过程中，注意媒体的传播效力，提高广告本身的传播效果是媒体创新的核心目的。为了实现这一目的，我们一般采用如下方式：寻求更新、更多的媒体选择；对 1 日媒体进行改造；进行突破性的媒体形式创意；选择互动与双向的媒体传播方式等。

（一）进行新媒体的开发和完善，为广告传播提供更多样化的媒体选择

对广告传播的“新媒体”可以有两种理解：一是指以新技术为主要特点的新式媒体的设计与开发，二是指以往所不见于广告传播的媒体被挖掘和利用。前者以网络和手机媒体为代表，后者则范围广泛，也更能体现媒体创意和广告创意策划人员的素质与能力。

网络媒体作为新媒体的代表，其广告发布和创意设计日渐成熟。网络媒体将控制信息的主动权授予消费者，并将其分割、合并为许多具有共同性的群体。网络广告形式多样，有横幅广告、文字链接广告、电子邮件广告、插播式广告等。建立在网络广告传播基础之上的网络游戏嵌入式广告、电子邮件病毒式营销等新型营销方式也显示出强大的传播效力。尤其是 Web 2.0、Web 3.0、Web 4.0 的出现，受众的独立自主性以及自由搜索与发布信息的能力大大提升，网络广告的目的性、针对性也提升到一个新的阶段。网络广告成为新媒体广告的领航者。建立在网络传播基础之上的 4G 手机，如今也成为移动互联网的个人终端平台。它能做到随时接触、随时传播、随时反馈，这种一对一到多点互动、即时定向的便携移动媒体，让广告主发现了广告传播的新天地。

除了媒体技术革新带给我们的新型媒体形式外，以往所不使用的一些媒体也成为广告传播的新平台。奥美360度品牌传播提出，凡是品牌同消费者接触的所有环节都应该成为传播品牌理念的战场，所有的接触物都是品牌传播的媒介。大到航天飞机、摩天大楼，小到笔墨纸张，消费者处在广告媒体的重重包围之中。宠物食品的广告借用地下车库的自动栏杆配以宠物模型诉求该食品能使宠物牙齿健康、坚固，虽然升降杆上下随时变化，但宠物却一直顽固地咬在上面。珠江纯生啤酒的广告则借用出租车后车窗可以随意上下开启的特点，让受众切身体会酒满心醉的感受。

（二）关注传统媒体的改造，完善旧媒体，发扬其优势，更好地服务于商品的品牌传播

传统媒体，即报纸、杂志、广播和电视，也在媒体创意设计的浪潮中不断改造，创造出新的样式和传播形式。报纸和杂志除了占据内容优势之外，最突出的改造形式就是电子版的推出。电子报刊通过网络或手机媒体传播，既不会影响本地纸质媒体的发行量，又不用考虑印刷费用和复制成本，同时还能打造一个富有活力的年轻读者群体，并将地方报刊扩展为世界报刊。电子报的广告方式多样而丰富，可以也势必会大大增加传统媒体的广告收入。传统户外海报和平面媒体也因新技术的介入而变得丰富起来，例如，分众传媒的公寓电梯联播网，即框架媒体，就是制作高像素平面画面，将其做成标准尺寸的平面看板，悬挂于中高档写字楼、商住公寓、社区等楼宇电梯内、电梯等候区和候梯厅的墙壁上，把简单的平面媒体变成了网络。此后，分众传媒又推出数字框架媒体2.0，它基于液晶显示屏技术，整合了为客户设计的计算机技术，采用了高分辨率显示屏、内置声音、多线程、全角度、红外和远程控制技术，可以发布高质量显示效果的广告。数字框架媒体2.0可以存储超过1 000张图片及客户信息条目，可以根据客户需求灵活地定制显示顺序，大幅度地增加了眼球空间的附加价值。平面媒体不断向数字媒体和网络媒体的方向迈进。

另外，平面媒体尤其是报纸和杂志在广告创意和设计过程中充分利用系列性特点，制造悬念，吸引读者注意，也成为此类广告在发布和设计过程中很好的一种改造方式。马来西亚石油公司进入中国市场时创作了一系列报纸广告，分别以“你知道马师傅吗？”“马师傅来自马来西亚……”“马师傅来自F1赛场……”“马师傅现已来到中国……”“嘿，我就是马师傅”为标题，前四个广告以通栏形式发布，除标题和马来西亚石油公司标志外无其他内容，后一个广告以半版形式发布，较为详细地介绍了马来西亚石油公司生产的润滑油产品。它充分利用人们在阅读

报纸时的阅读习惯和视觉流程，在不同版面发布不同内容信息，让读者经历一个兴趣不断增加的欣赏过程，达到了引进品牌、提高品牌知名度和认知度的目的。

广播的改造可以借鉴手机短信或电话订购的方式，将广播节目作为可选择内容，由听众自由订阅收听，将单一的声波频率的传输变为多媒体互动式传播，大大增强听众的自由选择度和自主信息控制度，内容受欢迎自然有广告生存和拓展的空间。电视媒体的改造主要表现为媒体播放环境、接收环境以及互动传播方式的改造，其主要类型有户外电视、移动电视以及网络电视等。户外电视是对电视媒体播放环境的改造，如楼宇电视、卖场电视等。户外电视充分利用了受众在户外的“有闲”时间，让商品信息和广告传播适时填补和满足“有闲”时间的传播空白。移动电视有车载移动电视与手机移动电视等不同形式，在公交车或出租车等载体上推出移动电视系统及其相关服务已经在国内绝大多数城市中得到推广。手机移动电视则在移动性、个人化以及互动性等方面日渐成熟，其广告内容将不再仅仅局限于文字与图片信息。网络电视是在传统电视基础之上，利用电信网或有线电视网作为传输通道，集因特网、流媒体、数字通讯等多种技术于一身，以家用电视机为主要的接收显示终端，提供包括数字电视在内的多种交互式服务的崭新技术。不同于模拟有线电视和一般数字电视，网络电视很好地实现了电视观众与电视媒体之间的互动，强调了节目的个性化。

（三）强调媒体环境和传播内容相互融合的突破性媒体形式创意

在广告设计和广告传播过程中，注意媒体发布环境以及广告创意主题和产品特点的结合，形成独特的创意形式。这表现在三个方面：一是依托传统媒体形式、广告作品形式和广告内容进行设计和发布的创新，二是广告作品本身所依赖的媒介形式创新，三是以上两个方面的结合。

云山诗意楼盘选择《南方日报》“气象预报”和“深珠新闻”这样原本少人问津的冷门版面，以生活中常见又具有浓郁传统文化特色且能体现亲情的小物件为形象载体，在逐渐寒冷的季节里，通过温暖的标题和画面元素，将天气变化与产品所主张的亲情与家人的关怀结合起来。广告整体调性温馨而亲切，尤其是广告设计上异形的使用，以本身就充满智慧的全新广告形式创意，印证了云山诗意“东方人居智慧”的品牌核心。奥美公司也曾为空客 A380 做过类似的创新形式的报纸广告，大幅的飞机机翼剪影覆盖在报纸上，让读者误以为空中有飞机经过，巨大的异形报纸广告同版面新闻《历史上超大型全双层飞机空中客车 A380 首航成功》呼应，突出了广告主题，吸引了读者的注意。

广告作品所依赖的媒体形式本身的创新也在广告设计与发布过程中屡屡可见。

媒体作为广告传播活动的一部分，其独特的形式创意成为广告作品之外的另一个展现广告主题和产品特点的元素。耐克的一组灯箱广告，展现了运动鞋穿箱而过瞬间的景象，其创意延续了以往耐克“Just Do It”的品牌理念，突出穿上耐克鞋后风驰电掣的运动快感和冲破一切障碍、不受任何阻挠的独特观念和个性。

突破性的媒体样式创意在户外广告中较为多见，极易以其新奇性吸引足够多的注意。国外某品牌泡泡糖广告为一个被破碎的泡泡糖蒙住眼睛和半张脸的男孩面部特写的立地广告牌，而周围的树丛里、树杈上也布满了以特殊材料制作的泡泡糖碎片，巨大的泡泡破碎后充满了广告牌及其周围的空间，夸张的传播内容以及同周围环境的有机融合让我们在观赏这一广告时不由得叹服广告新颖的媒体创意。

更多的广告传播活动和广告设计作品是把广告设计与发布的创新同媒体环境的创造性使用紧密地融合在一起，从而创造出协调一致、更具传播效力和消费者吸引力的优秀广告。香港灵智广告曾为“无国界医生组织”创作了一组以反映医疗援助为主题的公益广告，系列广告选择了公交车车窗玻璃、餐厅烛光杯、电梯轿厢以及卫生间为广告媒体，广告标题分别是“对我们的救护车来说，穿梭于有狙击手的阵地，并不稀奇”“有时，这可能是我们实施医疗援助时的所有光线”“在灾难的环境里，这或许是我们实施手术的整个空间”“有时，这里的卫生条件要好于我们手术时的”。广告作品将媒体环境同广告诉求主题完美地结合在一起，以引起受众身临其境的感受与共鸣。

（四）强调传受双方的互动和沟通，以互动接触作为媒体创意的核心，进一步提高广告的接受效果

平面广告往往能体现为一个接受过程，在这一过程中强调施受双方的共同作用，尤其是通过受众的主动接触来完成广告发布和诉求活动。电视媒体通过手机或其他形式吸引受众参与节目，报纸媒体通过广告中所刊登的优惠券来了解和刺激消费者的消费行为，这都是媒体实现互动的形式。而媒体创意中的互动则更为直接和明显，互动成为广告的主题和内容，而不仅仅是为了了解效果和进行广告调查。广告创意是需要调动受众多方面的感觉器官才能够理解和体会的，多重感觉器官的参与无形之中强调了广告诉求主题，并提高了受众接受广告甚至研究广告的兴趣。

获得 2008 年戛纳广告节户外广告铜狮奖的《射击训练》，就是一个很好的体现受众与设计作品互动传播以增强观者感受的例子。该作品是由北京奥美为世界自然基金会（WWF）设计发布的，作品将人行通道变成动物的射击场，动物掌中的枪口，都藏有一个红外线感应器，只要有人走过，感应器就会从音箱中发出枪

声，意在表现如果被伏击的对象是我们人类，那我们的感受会怎样？WWF想让人们换位思考！在这一作品中，受众不仅有逼真的视觉冲击，更令人心寒与胆怯的是走过时听到的枪击的声音，多重的感觉造就更深刻的感受。

广告设计作品的接受过程还可以延伸为趣味性的操作和游戏过程，只有受众亲自参与到这个过程中，广告作品才完成，广告传播活动才完善。以获得2006年金铅笔青年创意大赛学生组媒介创新奖的万事达卡广告为例，该系列作品在延续“万事皆可达，唯有情无价”的品牌理念下，将传统平面媒体的内容以互动和立体的方式展现在特殊媒体（鞋店、服装店、珠宝店的各种镜子）上，消费者购买商品时的试穿或试戴，就成了广告的一部分，迎合了“鞋子（衣服、珠宝）有价，但美丽无价”的传播主题。以受众亲身参与的方式完成广告传播活动，使得作品的新颖性、创造力和说服力得到较大提升，同时制作简便，成本低廉，媒体的存在环境更符合万事达卡的消费状态。

（五）现代广告环境下，广告创意越来越注意在整合行销理论下强调同一广告主题的多种媒体创新性组合与传播，让消费者处于360度的品牌形象包围之中

日本电通公司田中贵嗣认为，为了应对不断变化的消费者而采取的跨媒体大型推广活动要注意四个方面的问题，分别是：有没有能够吸引人的点子？有没有将感兴趣的人诱导至网站的装置？能否拉近访客与品牌之间的距离？有没有正面口碑传播的招数？我们认为这四个方面正好是多种媒体组合中各个媒体担负的不同职责和任务。在同一广告诉求主题下，不同媒体担任了触发、诱导、说服以及深度沟通的不同功能。媒体创意不仅仅体现为媒体技术和媒体样式的创新，还体现为赋予不同媒体不同的广告传播任务，以实现最佳组合传播效果。以日本电通公司为日本株式会社小学馆所做的品牌推广活动为例。小学馆为日本综合性出版机构之一，著名的漫画作品《哆啦A梦》《名侦探柯南》等均出自该社。电通公司在其广告传播中综合使用了户外海报、手机媒体以及网站等多种媒体组合。海报中的卡通形象由众多的二维码组成，受众用手机对二维码进行照相或发送图片至信息平台，即可自动搜索到小学馆专门为此次活动制作的网站内容。这一过程中，户外海报、二维码、手机、网络，不同的媒体形式在统一的广告主题指引下相互配合、协调传播，共同实现了提升小学馆品牌形象的最终目的。该活动也为电通公司赢得了2007年戛纳广告节的媒介金狮奖。

在新媒体环境下，消费者行为模式已经从原先的AIDMA过渡为更为准确的AISAS，这其中，search（搜索）和share（分享）对品牌来讲尤为重要，而两者都

主要在网络媒体上实现，因此电通公司的媒体创新组合的核心媒体就是网站。而如何让消费者在浩如烟海的网络世界里注意到我们的产品信息呢？也即“有没有将感兴趣的人诱导至网站的装置？”田中贵嗣提出要让人产生想上网进一步了解品牌的愿望，让人产生想上网体验有趣的网络内容的愿望，让人产生想通过上网找到答案的愿望，让人产生想上网发表意见或感想的愿望，让人产生想通过参加网络促销活动获得奖品的愿望。在媒体组合过程中，可以使用诸如电视片、户外、网站、店铺、杂志、DVD、电影、公关、手机、博客等多种媒体样式，根据广告目的和广告主题赋予它们不同的任务，区分轻重缓急，以实现最大的传播效力。

三、媒体创意与广告创意的关系

媒体创意与广告创意作为一个硬币的两面，其融合或者对立状态必定会影响广告传播活动的最终效果。笔者认为，两者不应该是分离的，而应该紧密融合、协调统一，两者之间是物质技术与思想观念的关系，是外在形式与内在内容的关系。

两者是以物质和技术为基础的媒体创意与以思想和观念为先导的广告创意的融合。作为广告传播的载体与中介，媒体的所有创新性运用都是建立在对于物质材料和技术条件的选择和变革基础之上的。手机二维码技术沟通了平面媒体与手机网络，使广告传播的媒体组合更加有效，同时也为广告创意的先导观念——提供更多传受互动方式、使消费者获取更多样信息，发展了更有效的手段。正确的广告创意观念是要领先于物质和技术条件的选择的，起码后者要受前者的指导与控制，只有这样，我们才能做到不为媒体而媒体，不为创新而创新。

两者是立足形式变革和新颖创造的媒体创意与展示品牌形象和产品内容的广告创意的融合。在这个传播过度的时代，形式的多样化始终在“乱花渐欲迷人眼”，但内容为王的提法和口号并不过时。所以，对于媒体创新来讲，能否真正体现产品的特点和差异化的品牌形象，能否表现充实的广告主题和诉求重点，是一个非常重要的课题。形式终究是为内容服务的，形式终究是要体现和承载内容的，分得清重点才能突出重点，才能在保证目标明确、对象准确、诉求合理的情况下求得最大的传播效果。

关于两者的关系应该是广告创意设计过程中必须要探讨清楚的问题，只有处理好两者之间的关系，我们才能在广告传播目的明确、定位准确的前提下实现新奇诉求、特异传播，并取得最佳的品牌传播效果。这两者也是广告创意设计科学性与艺术性辩证统一的另一种写照。广告创意方向保证了广告设计的科学性，保证了正确的诉求方式；媒体创意则能实现广告设计的艺术性，力求更加吸引受众的注意，获得良好的传播效果和社会效益。

参考文献

[1] 郑建鹏，张小平 . 广告策划与创意 [M]. 北京：中国传媒大学出版社，2018.
[2] 潘君，冯娟 . 广告策划与创意 [M]. 武汉：中国地质大学出版社，2018.
[3] 李志红，蒋宏伟 . 广告策划与创意 [M]. 北京：中国轻工业出版社，2014.
[4] 饶德江 . 广告策划与创意 [M]. 武汉：武汉大学出版社，2003.
[5] 肖雪锋 . 广告策划与创意 [M]. 西安：陕西师范大学出版总社有限公司，2019.
[6] 王艺 . 广告策划与创意 [M]. 武汉：华中科技大学出版社，2012.
[7] 王艺湘 . 广告策划与创意 [M]. 北京：中国轻工业出版社，2011.
[8] 金水 . 广告策划创意与案例分析 [M]. 北京：经济日报出版社，2015.
[9] 刘友林，汪青云 . 广告策划与创意 [M]. 北京：中国广播电视出版社，2003.
[10] 黎青，孙丰国 . 广告策划与创意 [M]. 长沙：湖南大学出版社，2006.
[11] 崔银河 . 广告策划与创意 [M]. 北京：中国传媒大学出版社，2007.
[12] 陈原川 . 广告策划与创意设计 [M]. 上海：上海交通大学出版社，2011.
[13] 余明阳，陈先红 . 广告策划创意学 [M]. 上海：复旦大学出版社，1999.
[14] 孙瑞祥 . 广告策划创意学 [M]. 天津：天津人民出版社，2007.
[15] 孙瑞祥 . 广告策划与创意原理 [M]. 天津：天津社会科学院出版社，1996.
[16] 余明阳，陈先红 . 广告策划创意学 第 2 版 [M]. 上海：复旦大学出版社，2003.
[17] 孙丰国，黎青 . 广告策划与创意 第 3 版 [M]. 长沙：湖南大学出版社，2018.
[18] 刘佳 . 广告策划与创意设计 [M]. 武汉：华中科技大学出版社，2017.
[19] 余世红 . 移动互联网时代的广告策划与创意 [M]. 广州：华南理工大学出版社，2019.
[20] 徐蔚 . 广告策划与创意实务 [M]. 合肥：合肥工业大学出版社，2015.
[21] 丁蓉 . 广告策划与艺术创意 [M]. 成都：电子科技大学出版社，2018.
[22] 饶德江，陈璐 . 璐珈广告学丛书 广告策划与创意 [M]. 武汉：武汉大学出版社，2015.

[23] 卫军英 . 广告策划创意 [M]. 杭州：浙江大学出版社，2001.
[24] 张惠辛，马中红 . 广告策划创意 [M]. 上海：上海画报出版社，2006.
[25] 李佳 . 数字媒介下的广告创意研究 [M]. 北京：中国纺织出版社，2021.
[26] 王艺湘 . 广告策划与媒体创意 [M]. 修订版 . 北京：中国轻工业出版社，2017.
[27] 刘春雷 . 广告创意与设计 设计师必备广告策划手册 [M]. 北京：化学工业出版社，2021.
[28] 芮雪伊 . 广告策划与艺术创意设计研究 [J]. 艺术品鉴，2021（21）：66–67.
[29] 杜霞 . 基于“互联网 +”的教学模式研究与实践——以广告策划与创意课程为例 [J]. 教育信息化论坛，2021（6）：16–17.
[30] 闫丙娜 .“互联网 + 教育”背景下《广告策划与创意》课程教学设计研究 [J]. 艺术大观，2021（8）：119–120.
[31] 付立瑶，高甫 . 新时期高校《广告策划与创意》课程教学改革与实践探究 [J]. 老字号品牌营销，2021（2）：133–134.
[32] 许明月 .《广告创意与策划》课程教学改革路径探析 [J]. 东西南北，2020（16）：186–187.
[33] 刘宝金 . 分析广告策划创意中的民俗元素应用 [J]. 艺术品鉴，2019（29）：268–269.
[34] 郝凤丽 . 全媒体环境下广告策划与创意课程的创新教学探索 [J]. 中国多媒体与网络教学学报（上旬刊），2019（6）：217–218.
[35] 谢嘉嘉 . 新时期高校《广告策划与创意》课程教学改革与实践探究 [J]. 课程教育研究，2019（21）：29–30.
[36] 肖媛媛 . 新时期广告活动的新模式、新发展、新传播——评《广告策划与媒体创意》[J]. 传媒，2018（24）：98–99.
[37] 罗芳萍 . 真实项目任务驱动的“广告策划与创意”课程改革 [J]. 黑河学院学报，2017，8（10）：100–101.
[38] 杨爱华 .《广告策划与创意》课程教学改革研究 [J]. 明日风尚，2017（17）：231.
[39] 王黎黎 . 广告策划与创意教学中批判性思维能力的培养 [J]. 技术与市场，2017，24（6）：332–334.
[40] 王颖 . 模拟情境式广告策划与创意实践教学模式的创新研究 [J]. 高教学刊，2017（5）：33–34.
[41] 晏菁 . 创意传播管理思想指导下的广告策划与创意教学实践 [J]. 广告大观（理论版），2017（1）：78–82.

[42] 刘振文 . 分析广告创意与策划 [J]. 旅游纵览（下半月），2016（20）：194.

[43] 罗盈 .《广告策划与创意》课程教学方法的探索与实践 [J]. 大众文艺，2016（10）：209.

[44] 李志安 . 广告创意和广告策划的关系探究 [J]. 现代职业教育，2016（6）：58.

[45] 符红娟 . 数字化教学资源背景下《广告策划与创意》课程教学改革探索 [J]. 现代经济信息，2015（20）：378–379.

[46] 陶薇 . 协同创新视角下高校《广告策划与创意》课程改革探索 [J]. 读书文摘，2015（14）：87–88.

[47] 雷青 . 广告策划与广告创意教学中“四维”思维方式的培养 [J]. 内蒙古师范大学学报（教育科学版），2015，28（7）：161–163.

[48] 吴佳祺 . 刍议广告创意和广告策划的相关性 [J]. 新闻传播，2014（14）：71.

[49] 马超 . 浅析广告策划在广告创意中的重要性 [J]. 鸭绿江（下半月版），2014（6）：72.

[50] 蔡雨坤 . 广告策划与创意课程实践教学改革探讨 [J]. 学园，2014（15）：12–13.

[51] 张雪梅 . 浅谈广告策划与广告创意的关系 [J]. 中国地市报人，2014（5）：44–45.